JN111696

図解ポケット［最新］

Shuwasystem
A book to explain
with figure
: Library

インボイス制度対応！

消費税がよくわかる本

OKUMURA Yoshifumi
奥村佳史 著

秀和システム

公平に課税される社会を願って…

デパートで欲しかった洋服を買うときや、レストランで楽しく食事をしたあとの支払いの際に、10%の消費税がかからなければよいのに――と思うのは筆者だけではないはずです。消費者にとって消費税は大きな負担です。

実は、会社などの事業者にとっても消費税は頭の痛い問題です。まず、お客さんから預かった消費税を、1年間（あるいは数ヵ月間）手をつけずに預金しておく、などという厳重な管理はなかなかできるものではありません。ついつい、消費税の納税資金を他の支払いに充ててしまうため、納税時期には資金繰りに頭を悩ませます。

さらに、消費税法上の各種の届出書を提出することで、納税額が大きく変化することも特徴です。経理担当者は、どの届出書をどのタイミングで提出するべきか、絶えず意識しなければなりません。

消費税法は難解です。そこで、誰にでも簡単に消費税の仕組みを理解していただくことを目的に、本書を執筆しました。本書では、消費税を初めて学ぶ人にとって本当に必要なことだけをわかりやすい言葉で解説しました。おかげさまで本書は多くの方にご購読いただき、版を重ねてきました。

第8版にあたる本書では、適格請求書等保存方式などについて、説明を加えました。

一人でも多くの方が消費税を理解し、公平に課税される社会になることを願ってやみません。

2022年6月　税理士　奥村佳史

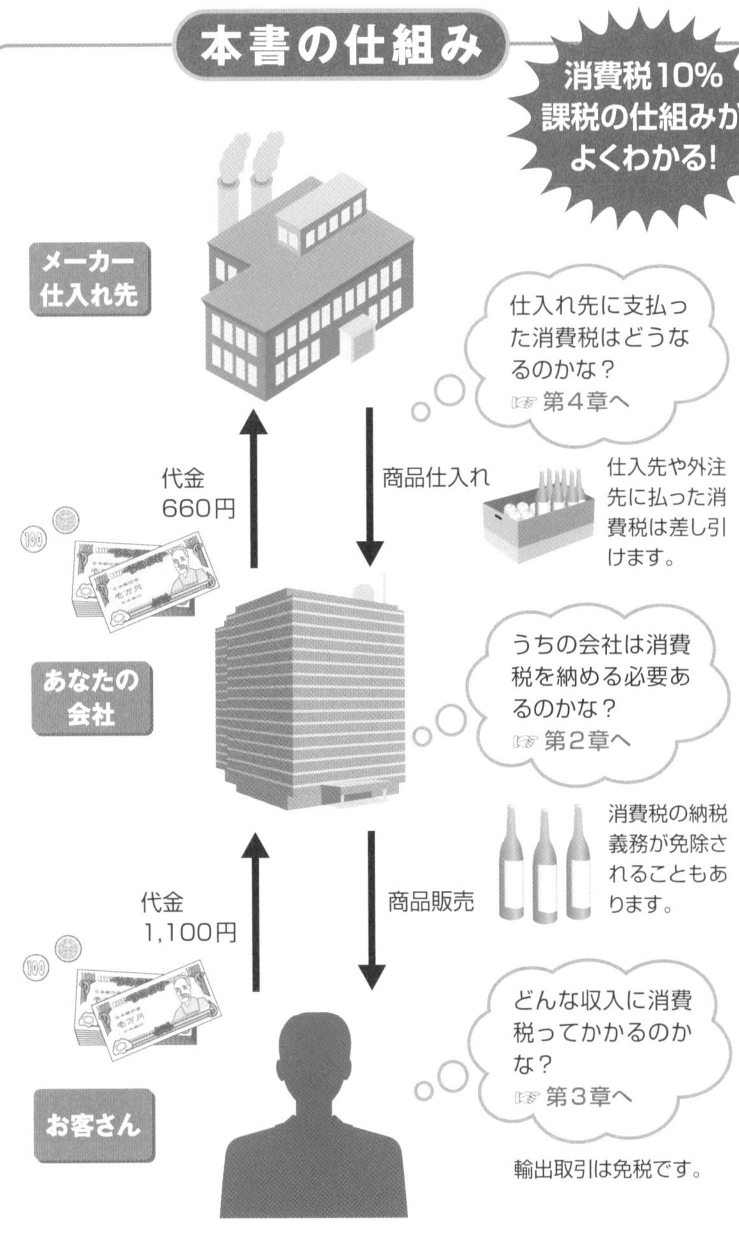
本書の仕組み
消費税10%
課税の仕組みが
よくわかる!
メーカー
仕入れ先
仕入れ先に支払った消費税はどうなるのかな？
☞ 第4章へ
代金
660円
商品仕入れ
仕入先や外注先に払った消費税は差し引けます。
あなたの
会社
うちの会社は消費税を納める必要あるのかな？
☞ 第2章へ
消費税の納税義務が免除されることもあります。
代金
1,100円
商品販売
どんな収入に消費税ってかかるのかな？
☞ 第3章へ
お客さん
輸出取引は免税です。

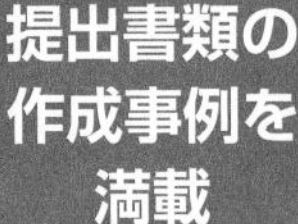

XXX届出書

消費税課税事業者
選択届出書

いろんな届出書。出し方によって、損したり得したりってホント？
☞ 第6章へ

タイミングよく提出することで節税できる場合もあります。

付表

消費税申告書

申告書ってどう書くの？一般課税と簡易課税では用紙も異なるの？
☞ 第5章へ

ここでは確定申告書の記載例を見てみましょう。

損益計算書

貸借対照表

消費税の経理処理はどうなるの？
☞ 第7章へ

帳簿をつける上で税抜方式と税込方式の2つの方法があります。

図解ポケット　[最新]インボイス制度対応！
消費税がよくわかる本

CHAPTER 6 各種の届出書

CHAPTER 7 消費税の会計処理

APPENDIX A もう少し詳しく学んでみたいトピック

消費税ってどんな税金？

会社や個人事業者が納める消費税について、基本的事項を解説します。

消費税は誰が払うのでしょうか？ 誰に払うのでしょうか？税額の計算方法は？ 意外と知らない基本事項を見てみましょう。

消費税の仕組み

お客さんが支払った消費税を、事業者が預かった上で納税するのが消費税の基本的な仕組みです。ここでは、消費税の大まかな枠組みを見てみましょう。

1 事業者が預かった消費税を国に納める

スーパーマーケットで買い物をする場合をイメージしてください。お客さんとして、スーパーマーケットで買い物をするとき、私たちは本体価格に10%の消費税を上乗せして支払っていることを知っています。スーパーマーケットは、お客さんから受け取った消費税を、後日、国に納税します。

ただし、スーパーマーケットは、預かった消費税の全額をそのまま国に納付するのではありません。

スーパーマーケットは、卸問屋から商品を仕入れてきたときに、仕入代金の10%の消費税を支払っています。スーパーマーケットが仕入れ時に卸問屋に対して支払った消費税は、卸問屋が国に消費税として納めます。

そこでスーパーマーケットは、売上時に受け取った消費税から、仕入れ時に支払った消費税を差し引いた差額だけを国に納めます。

2 支払った税金の方が多ければ国から返してもらえる

まれに、事業者がお客さんから預かった消費税よりも、仕入れなどで支払った消費税の方が多い場合があります。この場合、事業者は国から消費税の払い戻し（還付）を受けることができます。詳しくは28ページで解説します。

FIGURE 1 消費税ってこういうこと！

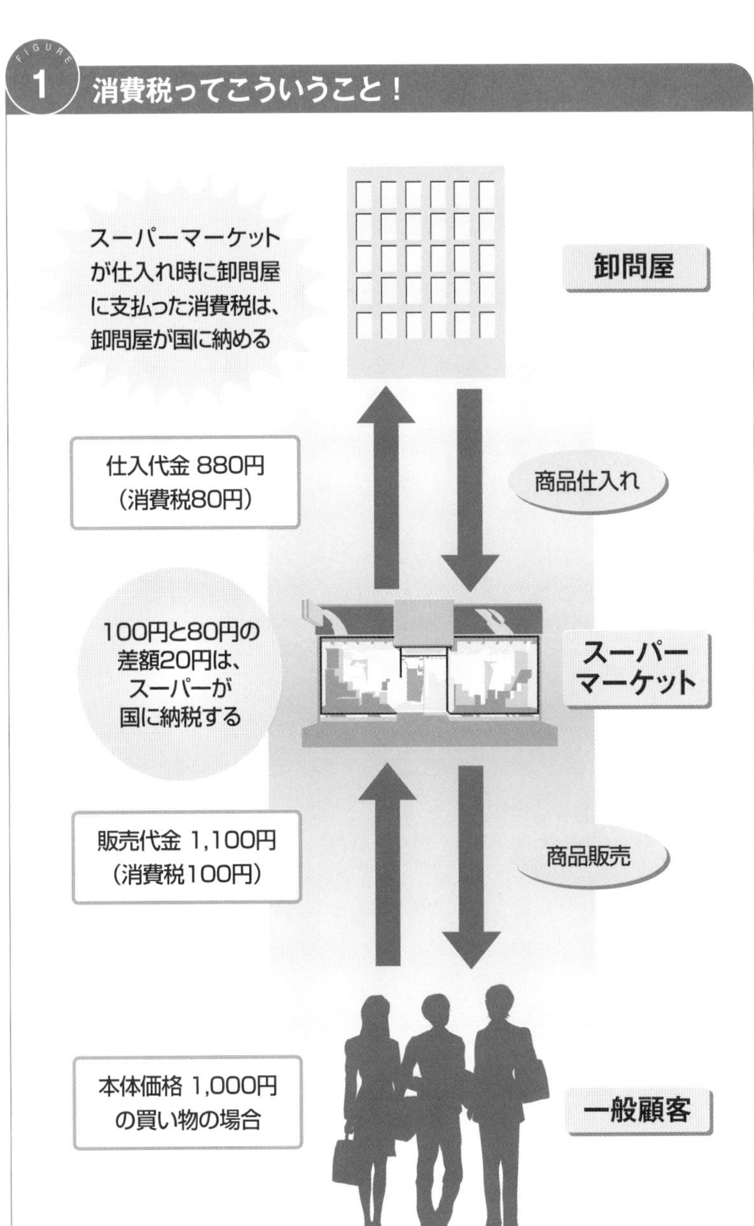

消費税はどんな取引にかかるの？

事業者がお客さんから代金を受け取る取引にはいろいろな種類があります。これらの取引すべてに対して消費税がかかるわけではありません。ここでは、どんな取引に消費税がかかるのかを見てみましょう。

1 消費税の対象は国内課税取引と外国貨物の引取り

消費税の対象となる取引には２種類あります。

１つは、**国内課税取引**です。国内において事業者が行った資産の譲渡等には、消費税が課されます。

もう１つは、保税地域から引き取られる**外国貨物**です。外国貨物を保税地域から引き取るためには、その引取りのときまでに申告書を提出し、消費税を納付しなければならないこととされています。つまり、**輸入取引には消費税がかかる**ということです。

2 輸出は免税取引

消費税は、日本国内での消費に対して課税することが想定されています。そのため、**輸出取引は免税**とされています。ですから、自動車や機械を海外に輸出しても、事業者は消費税を納める必要がありません。

3 非課税取引と不課税取引

輸出のような免税取引以外にも、消費税のかからない取引があります。土地の譲渡や利子、社会保険医療などです。

また、配当金など、「資産の譲渡等」に該当しない取引は、課税対象外（不課税取引）となります。

OnePoint 消費税のかからない取引

消費税がかからないという点で、免税取引、非課税取引および不課税取引の３つは共通しています。ただし、課税売上割合（56ページ参照）の計算をする際に、これら３つの取引のいずれに該当するかは大きな影響を与えます。

FIGURE 2 消費税のかかる取引とかからない取引

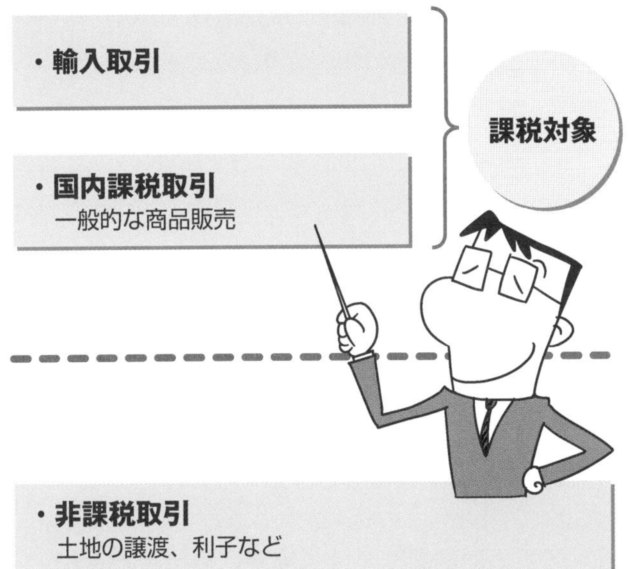

・**非課税取引**
土地の譲渡、利子など

・**免税取引**
輸出取引のほか、国際電話などの輸出類似取引

・**不課税取引**
配当金など

消費税を国に納めるのは誰？

消費税を実質的に負担するのは消費者ですが、申告書を提出して税金を国に納める義務は消費者にはありません。ここでは、消費税の納税義務者が誰なのかを見てみましょう。

1 国内課税取引の納税義務者は、課税取引を行う事業者

事業者は、国内において行った課税資産の譲渡等につき、消費税を納める義務があります。また、事業者は確定申告書を税務署に提出しなければなりません。

事業者には、個人で事業を行っている者と、会社などの法人が含まれます。

ただし、基準期間（2年前の事業年度）の課税売上高と特定期間の課税売上高が1000万円以下の事業者については、納税義務が免除されます。詳しくは20ページ以降で解説しています。

なお、サラリーマンは事業者ではありませんので、自宅を売却するなどしても消費税の納税義務者になりません。

2 輸入取引の納税義務者は事業者に限定されない

一方、外国貨物を保税地域から引き取る者は、事業者であるか否かにかかわらず、消費税の納税義務者となります。国内取引の納税義務者とはまったく異なる取扱いですから、基準期間の課税売上高と特定期間の課税売上高が1000万円以下であっても、納税義務者になります。サラリーマンが、自分で利用したり飲食する目的で海外から輸入（購入）する商品についても、「外国貨物を保税地域から引き取る者」に該当する場合は納税義務者となります。

FIGURE 3 消費税の納税義務者

●国内課税取引

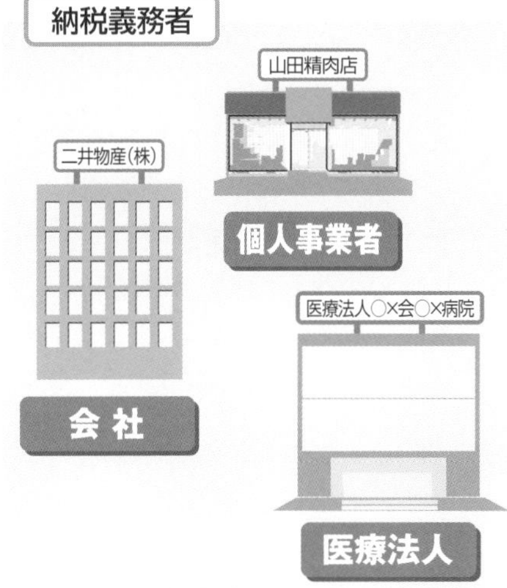

●ほかに地方公共団体や公益法人なども納税義務者となる。

●輸入取引

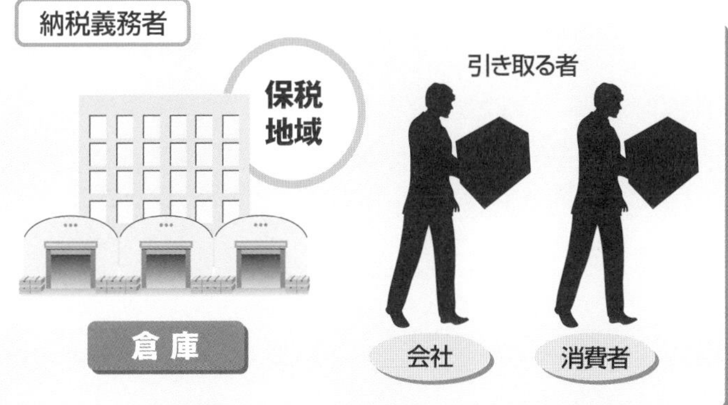

●輸入取引については、事業者か否かは問われない。保税地域から外国貨物を引き取る者は納税義務者となり、輸入の都度、税関に消費税を納付しなければならない。

地方消費税って何？

固定資産税のことを税務署に尋ねたところ、「市役所にご相談ください」と言われた経験はありませんか？　実は税金には、国が課す税金と地方が課す税金とがあります。

1 税金には国税と地方税がある

会社が納める法人税、個人が納める所得税や相続税は、国が課す税金です。これを**国税**といいます。国税の窓口は、税務署です。ですから、法人税や所得税の申告書は税務署に提出します。

一方、固定資産税、都道府県民税や市町村民税は、地方が課す税金です。これを**地方税**といいます。地方税の窓口は都道府県税事務所や市役所などです。地方税の申告書はこれらの窓口に提出します。

会社が全国各地に支店を有している場合は、本店所在地の税務署に法人税（国税）の申告書を提出するのに加えて、地方税である都道府県民税と市町村民税の申告書を、支店のあるすべての都道府県と市町村に提出する必要があります。全国に支店のある会社ですと、地方税の申告書は何十枚にも及びます。

2 消費税の税率は7.8％だと知っていましたか？

ところで、消費税の税率が、厳密には7.8％であることをご存知でしたか？

実は、消費税は7.8％で、これに2.2％の**地方消費税**を合わせて課税するため、合計で10％の税率になっています。

ですから、少し難しい経理の本などでは、消費税ではなく、**消費税等**と記載されます。この「等」は、地方消費税を意味しています。

OnePoint 軽減税率 8%の内訳は？

飲食料品の譲渡等については、消費税 6.24%、地方消費税 1.76%で合計 8%となります。

FIGURE 4 国税と地方税

消費税はきちんと納めたいものですね

所得税や法人税は、原則として利益（もうけ）に対してかかる税金です。ですから、赤字の個人事業者や会社にはこれらの税金はかかりません。

ところが、消費税は赤字の会社にもかかります。「売上高にかかる消費税」と「仕入れにかかる消費税」との差額を納税する仕組みですから、例えば、人件費がかかり過ぎて赤字になっている会社は消費税の負担が大きくなります。

消費税は、お客さんから預かったものを国に納めるだけのことですから、納税者の負担にはならないという考えもあるでしょう。

しかし、実際には納税資金をきちんと用意できているケースはまれです。お客さんから受け取った代金は、本体価格と消費税部分とが明確に区分されているわけではありませんので、仕入代金や人件費の支払いなどに回されていきます。その結果、納税時期になると、資金をどこから調達して納めようかと頭を悩ませることになるのです。

そのため、消費税を滞納する納税者も少なくありません。

消費税はお客さんから預かったものだと考えるのであれば、納税義務者はきちんとこれを納めたいものですね。

消費税を納めなくてもいい会社がある!?

第２章以降では、国内課税取引にかかる消費税について見てみましょう。

年商数百万円の小規模な事業者や、設立間もない会社であれば、国内課税取引の消費税の納税義務が免除される取扱いがあります。

小規模事業者の納税義務は免除される!?

消費税の申告書を作成するのは、実は大変な作業です。なぜなら、日々の取引の中から、課税対象となる取引を個別に拾い上げて集計しなくてはならないからです。そこで、規模の小さい事業者については消費税の納税義務が免除される取扱いがあります。

1 2年前が1000万円以下なら原則として納税義務免除

「事業者のうち、その課税期間にかかる基準期間における課税売上高が1000万円以下である者については、その課税期間中に国内において行った課税資産の譲渡等につき、消費税を納める義務を免除する」と消費税法に規定されています（ただし、24ページ以降で説明する例外があります）。

わかりやすくいうと、事業者のうち、**2年前の売上高が1000万円以下である者については、国内課税取引についての消費税を納める義務が免除される**ということです。納税義務を免除された事業者は、お客さんから預かった消費税を、国に納めず、自分のものにすることができます。

2 基準期間における課税売上高とは？

基準期間とは、個人事業者については、課税期間の前々年をいいます。会社などの法人については、課税期間の前々事業年度をいいます。

法人の前々事業年度が1年未満である場合には、基準期間の課税売上高を1年ぶんに換算して上記の判定を行います。

個人事業者についてはそのような調整は必要なく、年の途中で開業した場合などには少ない課税売上高で判定されます。

FIGURE 5 納税義務が免除されるための要件

●基準期間における課税売上高が1000万円以下

課税期間の課税売上高ではなく、基準期間の課税売上高で判定する。
(課税売上高の計算については22ページ参照)
(平成25年以降は、特定期間における課税売上高も条件に。24ページ参照)

課税期間中に国内において行った課税資産の譲渡等につき、消費税を納める義務を免除する(輸入取引についての納税義務は免除されない)。

FIGURE 6 基準期間とは?

●個人事業者についてはその年の前々年をいう。

●法人についてはその事業年度の前々事業年度をいう。

会社などの法人については、半年決算(事業年度が6ヵ月間)の場合や、決算期変更の場合などに、前々事業年度が1年未満となることがある。この場合については、その事業年度開始の日の2年前の日の前日から同日以後1年を経過する日までの間に開始した各事業年度を合わせた期間が基準期間となる。

基準期間の課税売上高の計算

２年前の課税売上高が1000万円以下に収まっていれば、原則として納税義務を免除されるのですから、２年前の課税売上高の計算は、非常に重要な問題です。ここでは、基準期間の課税売上高の計算について、少し細かな取扱いを見てみましょう。

1 課税売上高とは？

課税売上高には、一般商品の国内販売高のほかに、輸出売上高を含みます。

輸出取引は、消費税が免税となることは12ページで解説しましたので、少し疑問に思われるかもしれません。実は、輸出取引は税率がゼロ％で消費税がかかる取引として扱われています。

ゼロ％で課税されているので、輸出売上高は課税売上高に含まれるという理屈になります。

ただし、土地の譲渡や住宅の家賃など、非課税取引に分類される売上高は、課税売上高に含まれません。

また、配当金などの不課税取引（課税対象外）に分類される収入も、課税売上高に含まれません。

2 課税売上高に消費税額は含まれる？

原則として、上記の課税売上高には、消費税および地方消費税の金額は含まれません。1000万円以下か否かの判定は、税抜きの金額で判定することとされています。

ただし、基準期間において免税事業者であった場合には、消費税および地方消費税相当額を含めた金額で判定します。

FIGURE 7 課税売上高の範囲

課税売上高に含まれるもの

・課税資産の譲渡等の対価の額

・輸出売上高

課税売上高に含まれないもの

・非課税売上高

・不課税売上高（課税対象外取引）

・消費税および地方消費税の額（基準期間に課税事業者だった場合）

FIGURE 8 消費税等の金額は課税売上高に含まれるか？

基準期間に課税事業者だった場合

消費税および地方消費税を課税売上高に含めない

基準期間に免税事業者だった場合

消費税および地方消費税を課税売上高に含める

前上半期の課税売上高が1000万円超で課税事業者

基準期間における課税売上高が1000万円以下である場合でも、前事業年度（前年）の上半期の課税売上高が1000万円を超えるときは、免税事業者となりません。

1 前事業年度（前年）の上半期の課税売上高による判定

かつては、原則として、基準期間における課税売上高が1000万円超であるか否かによって、**課税事業者**になるか否かが判断されてきました。

ところが、これでは「2年前の課税売上高が少なければ、そのあとで課税売上高が増加した場合にも、消費税の納税義務を免除される」という点が制度上の問題点である、という指摘がありました。

2 特定期間の課税売上高が1000万円超で課税事業者

平成25年1月1日以後に開始する年または事業年度については、基準期間の課税売上高が1000万円以下であっても、特定期間の課税売上高が1000万円を超えた場合は、その年または事業年度の納税義務は免除されないこととなりました。**特定期間**とは、原則として、前事業年度（前年）の上半期をいいます。

なお、特定期間の課税売上高が1000万円を超えているか否かを判定するにあたっては、実際の課税売上高に代えて、給与等支払額の合計額により判定することもできます。

FIGURE 9 平成25年以降の納税義務が免除されるための要件

	特定期間の課税売上高が1000万円以下	特定期間の課税売上高が1000万円超
基準期間の課税売上高が1000万円以下	納税義務免除(ただし、28～35ページの例外あり)	課税
基準期間の課税売上高が1000万円超	課税	課税

FIGURE 10 特定期間とは？

- 個人事業者については、その年の前年1月1日から6月30日までの期間をいう。
- 法人については、その事業年度の前事業年度開始の日以後6ヵ月の期間をいう。

その事業年度の前事業年度が7ヵ月以下である場合などには、その事業年度の前々事業年度開始の日以後6ヵ月の期間とするなど、詳細な例外規定がある。

高額特定資産を取得したあと2年間は課税事業者

基準期間における課税売上高、特定期間における課税売上高のいずれも1000万円以下であったとしても、高額特定資産を取得したあとは、免税事業者に戻ることに制約があります。

1 高額特定資産を取得した場合の特例

74ページで解説する簡易課税ではなく、一般課税による課税期間中に、課税事業者が**高額特定資産の仕入れ等**を行った場合、高額特定資産の仕入れ等の日の属する課税期間の翌課税期間から、その高額特定資産の仕入れ等の日の属する課税期間の初日以後3年を経過する日の属する課税期間までの課税期間においては、基準期間における課税売上高と特定期間における課税売上高の両方が1000万円以下であったとしても、納税義務が免除されません。

2 高額特定資産とは？

高額特定資産とは、一の取引の単位につき、課税仕入れにかかる支払対価の額が税抜きで1000万円以上の棚卸資産または調整対象固定資産をいいます。

ビルを建設するような場合については、特に、自己建設高額特定資産と呼び、その建設等に要した仕入れ等にかかる支払対価の額が累計1000万円以上になった日を基準として、❶で解説したルールが適用されます。

FIGURE 11 いつから免税事業者に戻れるか？

一般課税で高額特定資産取得のケース

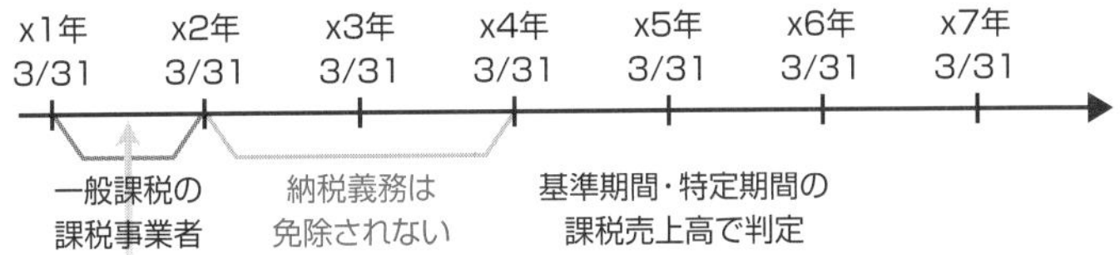

高額特定資産の
仕入れ等

簡易課税で高額特定資産取得のケース

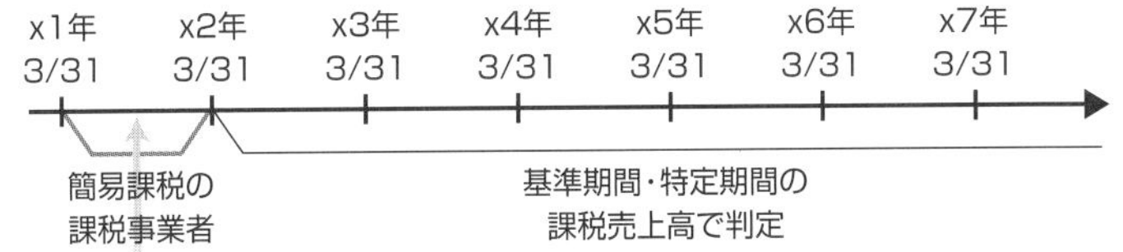

高額特定資産の
仕入れ等

課税事業者になることを選択できる

基準期間の課税売上高と特定期間の課税売上高の両方が1000万円以下に収まっている場合でも、事業者が課税事業者になることを選択できます。

1 課税事業者でないと還付を受けられない

基準期間の課税売上高と特定期間の課税売上高の両方が1000万円以下に収まっていれば、原則として免税事業者になります。

通常ですと、免税事業者は消費税を納税しなくてよいわけですから、有利です。ところが、仕入れにかかる消費税が、売上にかかる消費税よりも大きい場合は、話が変わってきます。このような場合に消費税の還付を受けられることは、10ページで解説しました。ただし、消費税の還付を受けるためには、課税事業者でなければならないのです。

そこで、基準期間の課税売上高と特定期間の課税売上高の両方が**1000万円以下の場合でも、事業者が選択することで、課税事業者になることができる**とされています。

2 課税事業者になるための手続き

基準期間の課税売上高と特定期間の課税売上高の両方が1000万円以下に収まっている場合に、課税事業者になることを選択するためには、**消費税課税事業者選択届出書**を提出します。

この届出書の効力は、提出した日の属する課税期間の翌課税期間とされていますから、前もって提出するよう注意しましょう。課税事業者から免税事業者に戻る手続きは30ページで紹介します。

FIGURE 12 課税事業者と免税事業者、どちらが有利？

消費税について納税が必要となる課税期間

売上にかかる消費税額 > 仕入れにかかる消費税額

免税事業者が有利

消費税について還付を受けられる課税期間

売上にかかる消費税額 < 仕入れにかかる消費税額

課税事業者が有利

多額の設備投資をする課税期間については、
課税事業者が有利となることがあるため、検討が必要！

FIGURE 13 「消費税課税事業者選択届出書」提出の注意点

提出時期

適用を受けようとする課税期間の初日の前日までに提出（ただし、適用を受けようとする期間が事業を開始した日の属する課税期間である場合には、その課税期間中に提出）。

免税事業者に戻るためには最低2年間の継続が必要

課税事業者を選択していた事業者が選択をやめて、免税事業者に戻ることができる。ただし、課税事業者を最低2年間継続したあとでなければ、課税事業者をやめることはできない。

免税事業者に戻ることができる!?

「消費税課税事業者選択届出書」を提出して課税事業者になることを選択したあと、免税事業者に戻ることも可能です。ただし、基準期間の課税売上高と特定期間の課税売上高の両方が1000万円以下であることに加えて、いくつかの制約があります。

1 還付を受けたら速やかに免税事業者に戻りたい

課税事業者を選択して（28ページ）、消費税の還付を受け終えたら、免税事業者に戻ることができるのでしょうか？　実は、消費税法では、一定の条件のもとで、免税事業者に戻ることを認めています。

2 免税事業者に戻るための手続き

消費税課税事業者選択届出書を提出して課税事業者になることを選択したあと、免税事業者に戻るためには、「**消費税課税事業者選択不適用届出書**」を提出します。ただし、消費税課税事業者選択届出書を提出した事業者は、事業を廃止した場合を除き、提出日の属する課税期間の翌課税期間の初日から２年を経過する日の属する課税期間の初日以後でなければ、課税事業者選択不適用届出書を提出することができないこととされています。つまり、２年間は課税事業者のままでいなければならないということです。

3 調整対象固定資産を仕入れた場合

平成22年度の税制改正によって、課税事業者を選択している事業年度において調整対象固定資産を取得した場合、課税事業者のままでいなければならない期間が延びました。

FIGURE 14 いつから免税事業者に戻れるか？

一般的なケース

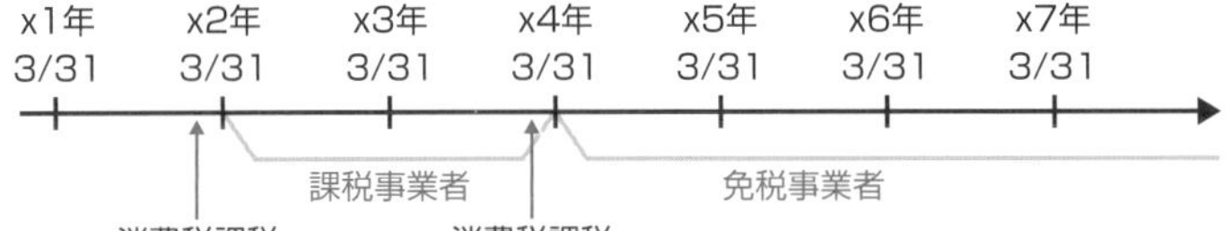

（注1） いずれの事業年度も基準期間の課税売上高と特定期間の課税売上高の両方が1000万円以下であることを前提とする。

（注2） 課税事業者を2年より長い期間継続して選択することは可能。

課税事業者選択1年目に調整対象固定資産を取得するケース

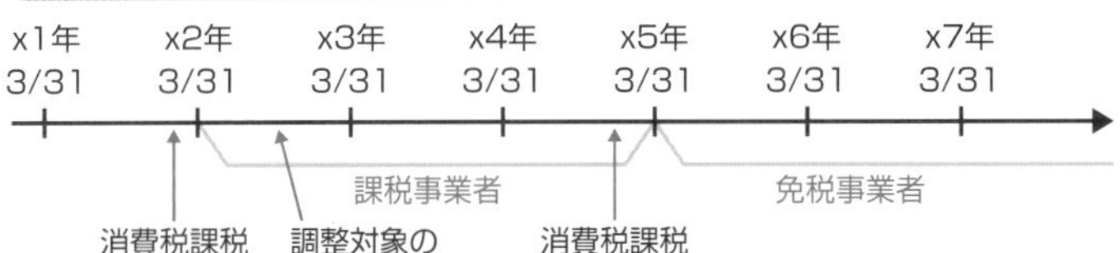

（注1） いずれの事業年度も基準期間の課税売上高と特定期間の課税売上高の両方が1000万円以下であることを前提とする。

（注2） 課税事業者を3年より長い期間継続して選択することは可能。

課税事業者選択2年目に調整対象固定資産を取得するケース

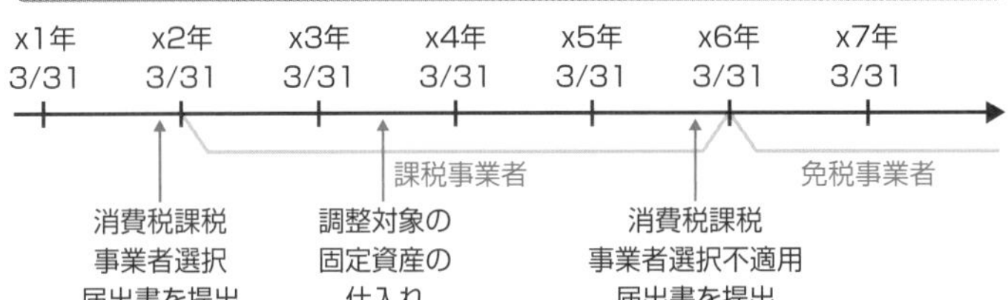

（注1） いずれの事業年度も基準期間の課税売上高と特定期間の課税売上高の両方が1000万円以下であることを前提とする。

（注2） 課税事業者を4年より長い期間継続して選択することは可能。

納税義務の免除の特例①

基準期間の課税売上高と特定期間の課税売上高の両方が1000万円以下に収まっている場合でも、事業者が単純に免税事業者とならない特例があります。

1 相続があった場合の納税義務免除の特例

相続により事業を承継した場合、特別な規定が置かれています。

相続によって被相続人の事業を承継した年については、基準期間となる前々年の被相続人の課税売上高が1000万円を超えている場合には、相続のあった日の翌日から消費税の納税義務が免除となりません。また、相続によって被相続人の事業を承継した年の翌年および翌々年については、被相続人のその基準期間の課税売上高と、相続人のその基準期間の課税売上高の合計額が1000万円を超える場合に、消費税の納税義務が免除となりません。

2 合併があった場合の納税義務免除の特例

被合併会社の過去の課税売上高が一定額を超える場合には、合併のあった事業年度の消費税の納税義務が合併のあった日から免除となりません。また、合併の翌事業年度および翌々事業年度についても、合併法人と被合併法人の基準期間の課税売上高を合算して1000万円を超えるかどうかの判定を行います。

3 会社分割などがあった場合の納税義務免除の特例

上記のほか、会社分割があった場合についても、分割された会社の課税売上高を加味して納税義務免除の特例の適用を判断します。

FIGURE 15 納税義務が免除されないのはなぜ？

①相続があった場合

相続で事業を承継した人について、単純に基準期間の課税売上高と特定期間の課税売上高の両方が1000万円以下だからといって納税義務を免除したのでは、消費税の負担が著しく軽減されてしまうため。

②合併があった場合

合併により新しい会社が設立された場合や、合併により大きな会社が小さな会社に吸収されてなくなる場合に、新設会社などの基準期間の課税売上高が1000万円以下だからといって納税義務を免除したのでは、消費税の負担が著しく軽減されてしまうため。

③会社分割があった場合

会社分割を利用することで、既存の会社の事業の一部を切り出すことが可能なので、新設会社などの基準期間の課税売上高が1000万円以下だからといって納税義務を免除したのでは、消費税の負担が著しく軽減されてしまうため。

納税義務免除の判定を、実態に沿ったものとする特例が置かれている

納税義務の免除の特例②

新しく設立されたばかりの会社については、最初の2年間は基準期間の課税売上高がないため、消費税の課税事業者とならないはずです。しかし、資本金1000万円以上の会社については特例が設けられています。

1 基準期間がない法人の納税義務免除の特例

その事業年度の基準期間がない法人のうち、当該事業年度開始の日における資本金の額が1000万円以上である法人については、納税義務免除の特例が適用されず、課税事業者となります。

そもそも、基準期間の課税売上高が1000万円以下の事業者について消費税の納税義務が免除されるのは、事業者の規模が小さいことが理由でした。

ですから、資本金の額から見て、小規模な法人ではないことが明らかな場合にまで納税義務を免除するべきではないとの考えから、このような取扱いが規定されています。

2 事業年度開始時の資本金の額で判定することに注意

基準期間がない法人について、資本金の額が1000万円以上であるかどうかは、事業年度開始時の資本金の額で判定することとされています。事業年度末時点の資本金の額ではありません。

そのため、基準期間がない課税期間中に増資を行い、増資後の資本金の額が1000万円以上になったとしても、増資を行った課税期間については、納税義務は免除されたままです。

OnePoint **調整対象固定資産の仕入れを行った場合**

資本金の額が 1000 万円以上の新設法人が、前述の特例によって課税事業者となっている期間中に調整対象固定資産の仕入れを行うと、課税事業者を強制される期間が延びます。

OnePoint **平成 26 年 4 月 1 日以後に設立される新設法人について**

基準期間がない資本金 1000 万円未満の新設法人が、その事業年度開始の日において、課税売上高が 5 億円を超える者により株式等の 50%超を直接または間接に保有される場合、納税義務が免除されないこととされました。

FIGURE 16 基準期間がなければ免税のはずなのに……

原則

法人設立後2年間は基準期間がないため、消費税の免税事業者となる。

特例

基準期間がない法人のうち、当該事業年度開始の日における資本金の額が1000万円以上である法人については、納税義務免除の特例が適用されず、課税事業者となる。

資本金の額を
いくらにするかは、
消費税の課税関係も
考慮して決めよう。

還付申告すると税務調査がやって来る？

税金関係の仕事に就いていて、最も神経を使うのが税務調査の対応です。税務調査は好むと好まざるとにかかわらず一定の確率でやって来ます。何度対応しても、気の休まらないものです。

さて、そんな税務調査ですが、消費税の還付申告をすると非常に高い確率で税務調査がやって来ることをご存知ですか？

例えば、不動産賃貸業の会社を新しく設立し、商業ビルを購入したとします。この場合に、ビルの購入対価は課税仕入れとなります。その一方で、会社が計上する課税売上高は、ビルの家賃収入です。多くの場合、ビルの購入対価は毎年の家賃収入の何十倍にもなります。そのようなバランスから、ビルを購入した課税期間には、消費税の還付を受けることになります。

当然、消費税の還付を受けるための申告書を提出するわけですが、受領した税務署は調査に飛んで来ます。特段、問題となる点はないと税務署もわかっているようですが、何千万円、何億円という金額を還付するわけですから、本当に会社がビルを購入したのかどうかだけは確認に来るようです。

「調査が終了してから還付金を振り込みます」と調査官に言われることもあり、還付を受けるための儀式と割り切ってお付き合いしています。

消費税はかかる？ かからない？

国内において事業者が行った資産の譲渡等に消費税が課されることは、第１章で説明しました。

ただし消費税法では、土地の譲渡など一定の資産の譲渡については消費税を課さないこと（非課税）としています。

また、輸出取引については消費税は免税とされていますし、配当金などは資産の譲渡ではないので消費税の対象外となります。

どの取引に消費税がかかり、どの取引に消費税がかからないのかを詳しく見てみましょう。

課税対象となる国内取引

消費税の課税対象となる国内課税取引は、法律でその範囲が定義されています。いくつもの要件がありますので、順に見ていきましょう。

1 課税対象となる国内取引の定義

事業者は、「国内において行った課税資産の譲渡等につき消費税を納める義務がある」と消費税法で定められています。

そして、上記の課税資産の譲渡等とは、「事業として対価を得て行われる資産の譲渡および貸付ならびに役務の提供のうち、非課税取引以外のものをいう」とされています。

これらをまとめると、次ページの6つの要件を満たすものが、消費税の課税対象となります。

「①日本国内で行われた取引であること」は、日本の消費税の課税対象を判定する上で当然の前提です。

②の事業者とは、個人事業者と法人を意味します。個人については、サラリーマンなどは事業者に該当しません。

「③事業として行ったものであること」とは、取引が反復、継続、独立して行われることを意味します。

「④対価を得て行った取引であること」、「⑤資産の譲渡、貸付ならびに役務の提供に該当すること」の2つの要件については、次節以降で検討します。

さらに⑥のとおり、①～⑤の要件を満たす取引のうち非課税取引として定められている取引は、課税対象から除かれます。

OnePoint 輸出取引は課税対象？

輸出取引については、①～⑥の要件をすべて満たすことがわかります。ですから、輸出取引は課税対象に該当するはずです。輸出取引に消費税がかからないのではなく、輸出取引にはゼロ％の消費税がかかると考えてみてください。

FIGURE 17 課税対象となる国内取引の６つの要件

①日本国内で行われた取引であること

➡ アメリカ国内で行われた取引に日本の消費税はかからない。

②事業者が行った取引であること

➡ サラリーマンが受け取る給料に消費税はかからない。

③事業として行ったものであること

➡ 個人事業者が自宅を売却する取引に消費税はかからない。

④対価を得て行った取引であること

➡ 自宅を子供に贈与しても消費税はかからない。

⑤資産の譲渡、貸付ならびに役務の提供に該当すること

➡ 配当金には消費税がかからない。

⑥非課税取引でないこと

➡ 土地の譲渡は①～⑤の要件を満たすが、
非課税取引とされているため消費税がかからない。

対価を得て行われる取引とは？

課税対象となる国内取引の要件のうち、「④対価を得て行った取引であること」、「⑤資産の譲渡、貸付ならびに役務の提供に該当すること」の２つについて詳しく見てみましょう。

1 無償で贈与する場合には消費税がかからない

38ページでは、「④対価を得て行われる取引であること」が課税対象取引となる要件の１つであることを解説しました。

この「対価を得て」とは、資産の譲渡等にあたって、反対給付を受けることを意味します。

例えば、親が子に財産を無償で贈与するような場合は、反対給付を受けませんので、「対価を得て」という要件を満たしません。ですから消費税の課税対象となりません。

2 会費に消費税がかからない理由

38ページでは、「⑤資産の譲渡、貸付ならびに役務の提供に該当すること」が課税対象取引となる要件の１つであることを解説しました。

しかしながら実務上は、この要件を満たしているかどうかの判定に頭を悩ませることが少なくありません。

例えば、同業者団体が会員などから受け取る会費については、消費税の課税対象となりません。これは、同業者団体が会員などに提供する役務が、「資産の譲渡、貸付ならびに役務の提供」に該当しないとされているためです。会員などに提供する役務と、受け取る会費との間に、明白な対価関係がないためです。

FIGURE 18 資産の譲渡に該当しない取引の例

保険金、共済金

保険金や共済金は、保険事故の発生に伴って受けるものであるから、資産の譲渡等の対価に該当しない。

損害賠償金

心身または資産に対して加えられた損害の発生に伴って受ける損害賠償金は、資産の譲渡等の対価に該当しない（一部例外あり）。

配当金

剰余金の分配は、出資に対する分配なので、資産の譲渡等の対価に該当しない。

寄附金、見舞金など

補助金、助成金など

非課税取引いろいろ

39ページの①～⑤の要件を満たす資産の譲渡等であっても、消費税法の規定により消費税を課されない取引があります。これを**非課税取引**といいます。

1 13種類の非課税取引

事業として対価を得て行われる資産の譲渡および貸付ならびに役務の提供であっても、消費税がかからない取引が13種類定められています。

その内容は、次ページのとおりです。

医療費や授業料など社会性の高いものについては、消費税が課されないこととされています。経済的に弱い立場にある人たちにとって、消費税の負担が過度にならないようにとの配慮からです。

また、有価証券や支払手段などの譲渡についても非課税とされています。これは、消費税が最終消費にかかる税金であるという性格にそぐわないためです。

土地の譲渡が非課税取引であることは、ご存知の方も多いでしょう。マンションを購入する際の契約書には、土地部分の金額と建物部分の金額とが記載されていますが、建物部分にのみ消費税がかかっています。土地部分については消費税がかかりません。

経理実務では、毎日の取引について、どれが非課税取引に該当するかをすべて判定しなければなりません。特に、住宅の貸付については、賃借している人が住居として使用している場合にのみ非課税となりますので、注意が必要です。

FIGURE 19 13種類の非課税取引

①土地の譲渡および貸付

借地権など土地の上に存する権利を含むが、一時的に使用させる場合などは除かれる。

②有価証券等の譲渡

③利子、保険料等

④切手、印紙、商品券等の譲渡

⑤行政手数料、外国為替業務

⑥医療費

公的な医療保険制度に基づく部分。

⑦介護サービス、社会福祉事業等

⑧助産にかかる資産の譲渡等

⑨埋葬料、火葬料

⑩身体障害者用物品の譲渡、貸付等

⑪学校の授業料、入学金等

学校教育法の規定による学校の授業料が非課税。カルチャースクールなどの授業料は非課税とならない。

⑫教科用図書の譲渡

⑬住宅の貸付

住居として利用する部分の家賃のみが非課税。店舗や事務所など事業用の部分の家賃は非課税とならない。

輸出取引は免税です

輸出取引は、消費税がかからないという点で非課税取引とよく似ています。しかし、消費税法上は、輸出高は課税売上高に含まれ、税率ゼロ％で課税される取扱いになっています。

1 輸出免税

事業者が国内において行う課税資産の譲渡等のうち、輸出取引については消費税が免除されます。ここでいう輸出には、日本と海外との輸送や通信（国際電話）などが含まれます。

2 輸出業者は消費税の還付を受けられる

事業者が納める消費税の金額は、**消費税額 ＝ 課税売上にかかる消費税額 － 課税仕入れにかかる消費税額**、という算式で求められます。輸出取引は、税率ゼロ％の課税売上として扱われますから、課税売上にかかる消費税額はゼロになります。その一方で、国内で仕入れた商品については、課税仕入れにかかる消費税額が仕入金額の10％ぶん発生しています。

そのため、輸出取引については、事業者が納める消費税額がマイナスとなります。輸出業者は消費税の確定申告をすることで、仕入れにかかった消費税額の還付を受けることができるのです。

ただし、**消費税の還付を受けるためには、当該事業者が課税事業者でなければなりません。**

基準期間の課税売上高と特定期間の課税売上高の両方が1000万円以下の場合には、あらかじめ「消費税課税事業者選択届出書」を提出し、課税事業者になっておくことが必要です。

FIGURE 20 輸出業者は消費税の還付を受けます

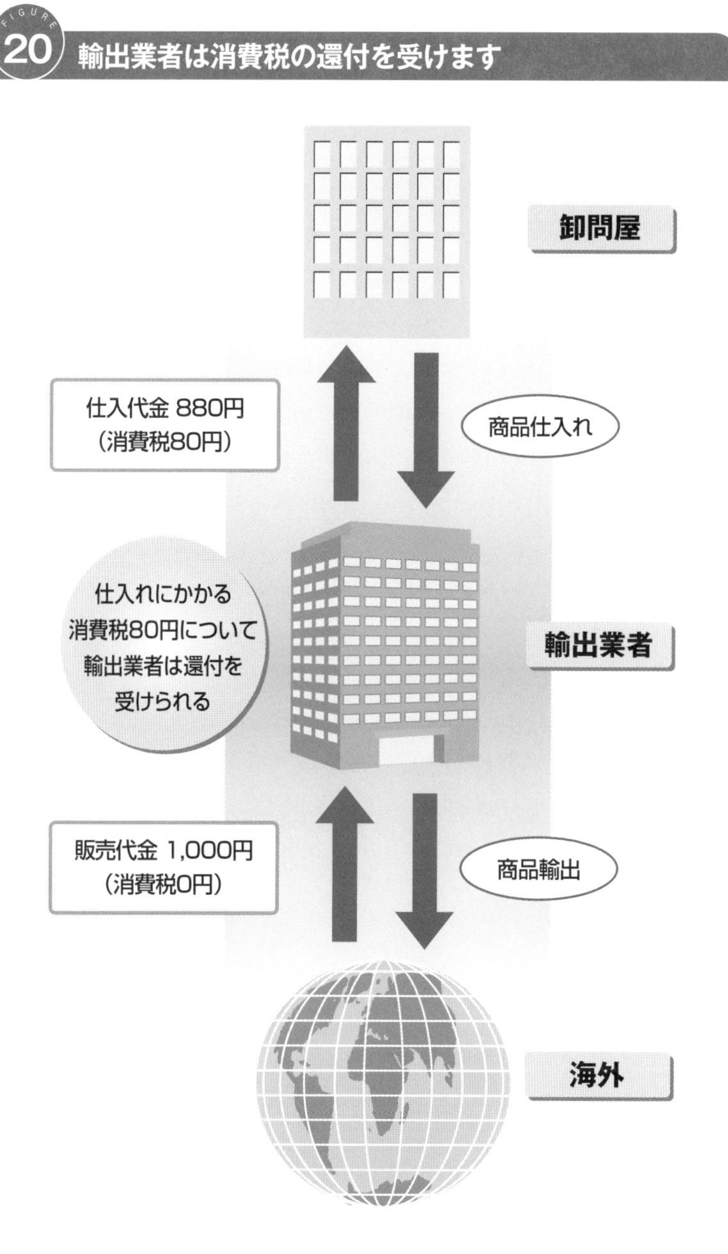

国内取引の課税標準と消費税額の計算法

前節まででは、消費税のかかる取引とかからない取引の区別を見てきました。課税取引、非課税取引、免税取引、不課税取引の４種類を区別できれば、国内取引の消費税額は簡単に求められます。

1 国内取引の課税標準

国内取引を課税取引、非課税取引、免税取引、不課税取引の４種類に分類した場合に、消費税の対象となるのは**課税取引**です。

消費税の課税標準は、この課税取引の金額であり、これを消費税法では、「**課税資産の譲渡等の対価の額**」と定めています。

なお、「課税資産の譲渡等の対価の額」には消費税等相当額を含みません。そこで、税込みの課税売上高に100/110を乗じて課税標準額を求めます。

課税標準額 ＝ 課税売上高（税込み）× 100 / 110

消費税の経理処理方法として税抜経理方式（売上高と仮受消費税とに分けて計上する経理方式）を採用している場合には、帳簿に計上されている売上高と仮受消費税とを合計して、税込みの課税売上高を求めます。

2 消費税額を計算する

課税標準額を計算したら、次に消費税額を計算します。国税である消費税の税率は7.8%ですので、課税標準額に7.8%を乗じます。

消費税額 ＝ 課税標準額 × 7.8%

OnePoint 軽減税率が適用される場合

軽減税率が適用される場合は、課税標準額＝課税売上高×100／108、消費税額＝課税標準額×6.24%となります。

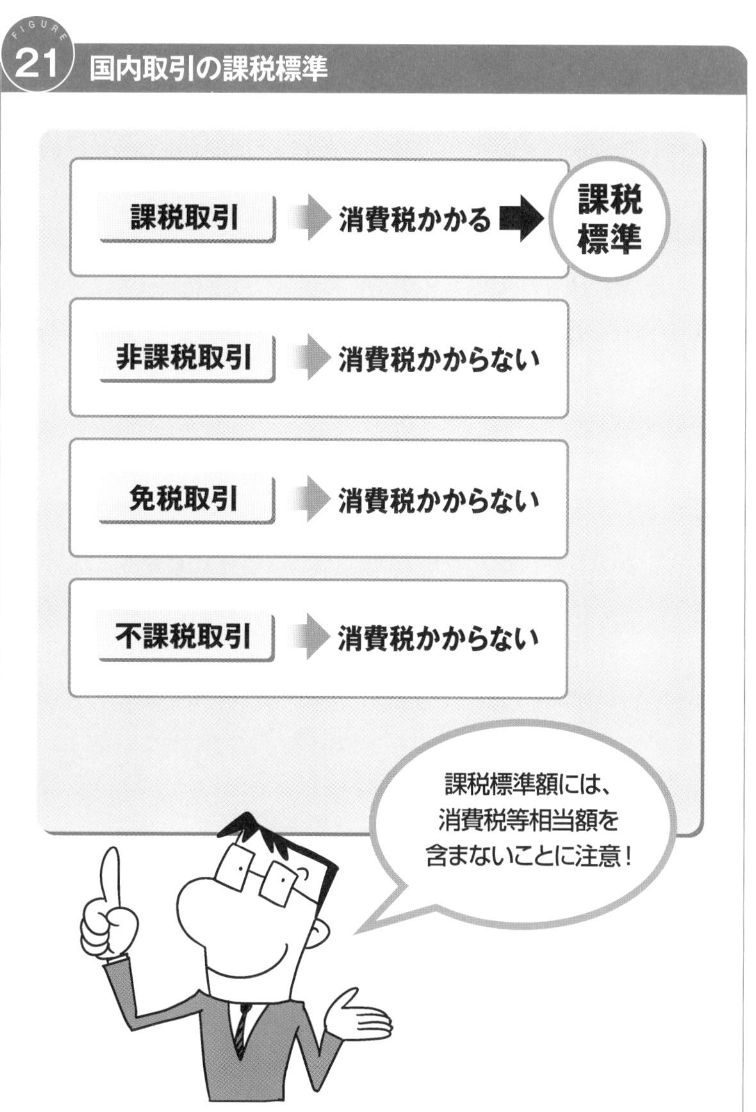

軽減税率制度とは

消費税率が10%に引き上げられるのと同じタイミングで軽減税率制度が導入され、飲食料品などについては8%の税率で課税されることとなりました。

1 飲食料品と新聞の譲渡は税率が8%

令和元（2019）年10月1日に消費税率が10%に引き上げられるのと同時に、軽減税率制度が導入されました。

軽減税率制度は、酒類・外食を除く飲食料品の譲渡と定期購読契約が締結された新聞の譲渡について、消費税等の税率を10%より2ポイント低い8%（消費税率が6.24%、地方消費税率が1.76%）にする取扱いです。

外食については、レストランの店内で食事をとる場合には10%の税率で、テイクアウトする場合には8%の税率で消費税等が課されるため、店内飲食とテイクアウトとの区分について国税庁がガイドラインを示すなど、販売現場での混乱が見られました。

2 区分経理と区分記載請求書等

飲食料品の売上や仕入れがある課税事業者は、取引ごとに税率を区分して経理することが必要になり、経理実務上の手間が格段に増えました。

さらに、請求書等についても、これまで記載されていた事項に加えて、軽減税率の対象品目である旨と、税率ごとに合計した対価の額を記載した**区分記載請求書**等を交付・保管することが必要となりました。

FIGURE 22 令和元年10月1日以降は税率が複数に

	消費税	地方消費税	合計
標準税率	7.8%	2.2%	10%
軽減税率	6.24%	1.76%	8%

FIGURE 23 軽減税率の対象

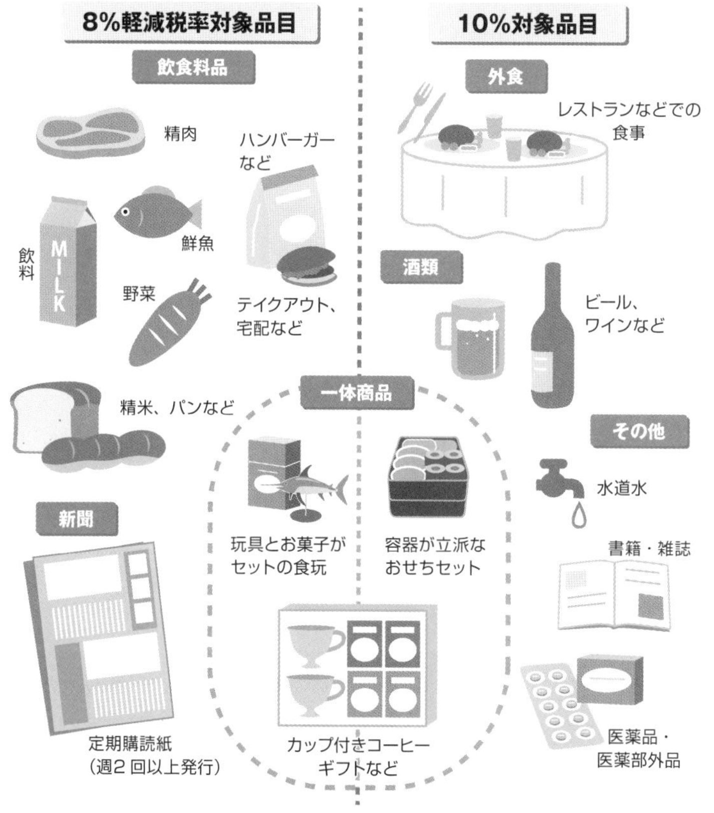

消費税額の端数処理の特例

消費税の端数は、積もり積もって大きな金額になります。

1 売上にかかる消費税の端数を切り捨てている場合の特例

平成16（2004）年3月までは、消費税の表示方法は外税方式が主流でした。そのため、税抜価格に税率を乗じて、端数が生じた場合にはこれを切り捨てることとし、受け取らない事業者が少なくありませんでした。

特定の課税期間中の取引が何百万件、何千万件もある場合には、切り捨てられた消費税の端数だけでも膨大な金額になります。その結果、納税義務者の負担が過大になるおそれがありました。

そこで、個々の取引の消費税の端数を処理（切捨てなど）した金額を積上げ計算し、課税標準額に対する消費税額とすることができる特例が設けられていました。この方法では、お客さんから預かった消費税だけを納税することとなり、課税事業者の負担は軽減されます。

平成16（2004）年4月以降、対消費者取引については、消費税込みの総額表示が義務付けられたため、上記の特例は廃止されましたが、事業者間取引については、総額表示の義務がなく従来どおりの規定が適用されるなど、経過措置が設けられています。

また、平成26（2014）年4月1日以降、消費者に対して総額表示をしなくてもよい特例の適用を受ける事業者にも、令和5（2023）年9月30日までの間、従来どおりの積上げ計算が認められています。

経過措置については、次ページのとおりです。

FIGURE 24

端数処理の特例は３つあります

税抜価格での事業者間取引について

事業者間取引については、総額表示が義務付けられていないため、個々の取引の消費税の端数を処理（切捨てなど）した金額を積上げ計算し、課税標準額に対する消費税額とすることができる。
このルールを適用するためには、領収証等に税抜価格の合計額と端数処理後の消費税相当額を明示することが必要。

税抜価格での対消費者取引について

8%への税率引上げに際して、対消費者取引についても、一時的に税抜価格での表示が認められることとなったため、上記の事業者間取引と同様に積上げ計算ができる。

税込価格での取引について

お客さんから受け取る代金に含まれる消費税相当額の1円未満の端数を処理（切捨てなど）したあとの金額を領収書等に明示していれば、個々の取引の消費税の端数を処理（切捨てなど）した金額を積上げ計算し、課税標準額に対する消費税額とすることができる。

Column

総額表示って？

平成 16（2004）年 4 月 1 日から、対消費者取引において、総額表示が義務付けられました。

この総額表示とは、消費者に対してあらかじめ価格を表示する際に、消費税等を含めた価格（税込価格）を表示しなければならないというものです。

その表示方法としては、次の形が認められています。

① 10,780 円
② 10,780 円（税込）
③ 10,780 円（税抜価格 9,800 円）
④ 10,780 円（うち消費税額等 980 円）
⑤ 10,780 円（税抜価格 9,800 円、消費税額等 980 円）

ただし、平成 25（2013）年 10 月 1 日から令和 3（2021）年 3 月 31 日までの間は、現に表示する価格が税込価格であると誤認されないための措置を講じている場合に限り、総額表示をしなくてもよいことになっていました。

消費税がどんどん安くなる

消費税の確定申告にあたっては、お客さんから受け取った消費税の合計額から、仕入れ先や外注先に支払った消費税などの合計額を差し引いて、残額を国に納めることとなります。

ただし、差し引かれる金額の計算には細かな取決めがいくつもあります。ここでは、差し引かれる税額について詳しく見てみましょう。

控除税額の計算

課税売上高にかかる消費税額から控除する税額にはどのようなものがあるか見てみましょう。とりわけ、控除対象仕入税額が重要です。

1 課税売上高から控除される税額

消費税の納付税額決定の仕組みは次ページのとおりです。第３章では、売上にかかる消費税について解説しました。ここからは、控除される税額について見てみましょう。

課税売上高にかかる消費税額から控除する項目には、次の３つがあります。

①控除対象仕入税額

②返還等対価にかかる税額

③貸倒れにかかる税額

これらの３項目のうち、一般的に最も金額が大きく重要性が高いのは、①控除対象仕入税額です。

2 控除対象仕入税額の計算には２つの方法がある

控除対象仕入税額の計算方法には２種類あります。

１つは、**一般課税**と呼ばれる原則的な方法です。

もう１つは、**簡易課税**と呼ばれる方法です。簡易課税は、中小事業者にのみ選択が認められている方法です。

56ページからは、まず一般課税の方法で控除対象仕入税額を計算する手順を解説します。続いて74ページからは、簡易課税の方法で控除対象仕入税額を計算する手順を解説します。

FIGURE 25 納付税額が減る3つの理由

課税売上高にかかる消費税
－）控除対象仕入税額
－）返還等対価にかかる税額
－）貸倒れにかかる税額

納付税額

FIGURE 26 控除対象仕入税額の計算方法

一般課税

原則的な方法。

簡易課税

計算が簡単で有利な方法。
基準期間の課税売上高が5000万円以下の場合のみ選択できる。

一般課税による控除対象仕入税額の計算手順

一般課税による控除対象仕入税額の計算手順を見てみましょう。

1 控除対象仕入税額の計算の流れ

一般課税によった場合の**控除対象仕入税額**の計算は、次ページの手順で行います。

まず、課税売上割合を次の算式で計算します（①）。

$$課税売上割合 = \frac{課税売上額 + 免税売上額}{課税売上額 + 免税売上額 + 非課税売上額}$$

資産の譲渡等の金額に占める、非課税売上高の割合が大きくなればなるほど、課税売上割合は下がります。

次に、課税仕入れの集計を行います（②）。課税仕入れの集計は非常に手間のかかる作業です。実務上頭を悩ませる点も多いため、58ページで詳しく解説します。課税仕入れの集計が完了したら、課税仕入れにかかる消費税額を計算します（③）。

> 課税仕入れにかかる消費税額 = 課税仕入高(税込み) × 7.8 / 110

最後に、控除対象仕入税額を求めます（④、⑤）。原則的には、③で求めた全額が控除対象仕入税額となります。ただし、その課税期間の課税売上高が5億円を超える（12ヵ月換算で）場合、または課税売上割合が95%未満の場合には、③で求めた金額の一部だけを控除対象仕入税額とするための調整計算が必要です。これには、個別対応方式と一括比例配分方式の2つの方法があります。

FIGURE 27 控除対象仕入税額の計算の流れ（一般課税）

①課税売上割合の計算

②課税仕入れの集計

③課税仕入れにかかる消費税額の計算

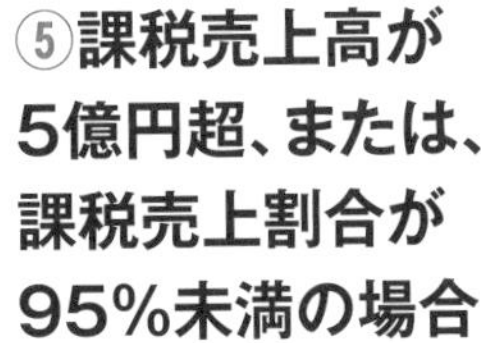

④課税売上高が5億円以下、かつ、課税売上割合が95%以上の場合	⑤課税売上高が5億円超、または、課税売上割合が95%未満の場合
③で求めた全額が控除対象仕入税額	個別対応方式または一括比例配分方式により、③で求めた金額の一部を控除対象仕入税額とする

課税仕入れの集計

課税仕入れを集計するためには、課税期間中のすべての仕入取引を個別に検証し、課税仕入れに該当するものを集計します。

1 課税仕入れ集計の実務

控除対象仕入税額の計算の中心は、課税仕入れの集計作業です。

実務上は、消費税の確定申告の時期になって初めて課税仕入れの集計を始めるということでは、事務作業の量が膨大になってしまいます。

そこで、ほとんどの会社では、事業年度当初から、日々の取引を会計ソフトなどに入力する際に、それぞれの仕入取引が課税仕入れに該当するか否かを記録していきます。こうしておけば、消費税の課税期間終了後、会計ソフトが自動的に課税仕入れを集計してくれます。

2 課税仕入れとは

課税仕入れとは、「事業者が事業として他の者から資産を譲り受け、借り受け、または役務の提供を受けることをいう」と消費税法で定められています。

「事業として」という条件がありますので、個人事業者が家事消費するために購入した場合などは、課税仕入れに該当しません。

また、「他の者」は課税事業者に限定されていないため、免税事業者や消費者から購入した場合であっても課税仕入れになります。消費税を納めない者から仕入れても、消費税相当額が控除の対象となるのは少し違和感があるかもしれませんが、付加価値に課税するという消費税の性質から、そのような取扱いになっています。

FIGURE 28 総勘定元帳の例

平成18年 7月度　　　　交際費　　　　1 頁

株式会社佐藤建設

税込

日　付 伝票No 生成元	相手勘定科目 相手補助科目	摘　要	補助科目 税区分 借方金額	貸方金額	残　高
7/ 1		前月より繰越			0
7/ 1 3	現金	接待の飲食代／居酒屋○△	課対仕入 10,500		10,500
7/ 2 4	現金	お中元代／○□百貨店	課対仕入 31,500		42,000
7/ 3 5	現金	お祝い金／○○産業山田社長ご出産	50,000		92,000
7/ 5 6	現金	香典／△△商店山下専務	10,000		102,000
7/ 7 7	現金	お土産代／キオスク	課対仕入 1,050		103,050
7/ 7 8	現金	ゴルフプレー料（接待）	課対仕入 52,500		155,550
7/ 7 9	現金	ゴルフ場利用税を支払った	2,000		157,550
7/ 9 10	現金	接待の飲食代／スナック●●	課対仕入 31,500		189,050
7/10 11	現金	接待の飲食代／レストラン※※	課対仕入 21,000		210,050
7/12 12	現金	接待の飲食代／居酒屋○△	課対仕入 42,000		252,050
7/15 13	現金	接待の飲食代／居酒屋☆☆	課対仕入 8,400		260,450
7/16 14	現金	お祝い金／○☆住宅社長ご還暦祝い	50,000		310,450
7/20 15	現金	ゴルフプレー料（接待）	課対仕入 52,500		362,950
7/20 16	現金	ゴルフ場利用税を支払った	2,000		364,950
		7月度 合計	364,950	0	
		翌月に繰越			364,950

税区分を取引ごとに入力していこう。

課税、非課税の判定

課税期間中に発生した仕入取引については、発生時点で逐一、課税取引か否かの判定を行い記帳します。ただ、仕入取引はその種類が多く、区別に迷うことが少なくありません。

1 課税取引か否かを判定する

仕入取引については、課税取引であるか否かを判定することが必要です。

46ページで、取引は課税取引、非課税取引、免税取引、不課税取引の４種類があることを解説しました。売上高については、課税売上割合を判定する必要があるため、各取引が上記４種類のうちいずれに該当するかを厳密に判断しなくてはなりません。消費税がかからない取引であっても、免税取引と非課税取引とでは課税売上割合の計算上の取扱いが異なるためです。

しかし、仕入取引については、そのような厳密な区分は重要ではありません。必要なのは、各取引に消費税がかかっているかどうかを判定することです。

2 判定は難しい

各仕入取引について、課税取引であるか否かを判定するためには、消費税法と通達を細かく理解していなければなりません。

ただし、通常は伝票を起票するすべての人が消費税法に精通しているとは考えにくく、次ページ以降のような判定の一覧表を作成しておき、それぞれの取引がどれにあてはまるかを確認する方法が採られています。

取引別の課税、非課税、免税、不課税の一覧表〔1/2〕

勘定科目	取引内容	課税取引か?
仕入高	一般的な商品、製品	課税
	不動産業者等の土地の仕入れ	非課税
	輸入時の関税	不課税
人件費	一般的な給料、賞与	不課税
	一般的な退職金	不課税
	通勤手当	課税
	現物給与(会社の製品などを支給)	課税
	人材派遣報酬	課税
福利厚生費	健康保険料、厚生年金などの社会保険料	非課税
	従業員への慶弔金(現金)	不課税
	慰安旅行代金(国内)	課税
	慰安旅行代金(海外)	免税
	持株会助成金	不課税
保険料	生命保険料	非課税
旅費交通費	交通費、宿泊費(国内)	課税
	日当(国内)	課税
	交通費、宿泊費(海外)	免税
	日当(海外)	免税
通信費	電話、郵便料金(国内)	課税
	国際電話、国際郵便	免税
水道光熱費	電気料金	課税
	ガス料金	課税
	水道料金	課税
寄附金	寄附金	不課税
交際費	飲食費	課税
	ゴルフ利用料金等	課税
	ゴルフ場利用税	不課税
	祝金、見舞金、香典(現金)	不課税
	商品券	非課税
	祝品、花輪等	課税

取引別の課税、非課税、免税、不課税の一覧表〔2/2〕

勘定科目	取引内容	課税取引か？
会費	一般的な会費	不課税
	対価性が明らかな会費	課税
租税公課	法人税	不課税
	所得税	不課税
	住民税	不課税
	固定資産税	不課税
	印紙税	不課税
	罰金	不課税
支払手数料	税理士報酬等	課税
	銀行振込手数料	課税
	クレジット手数料	非課税
	法令に基づく行政手数料	非課税
	法令に基づかない行政手数料	課税
外注費	外注費	課税
賃借料	地代（期間1ヵ月以上）	非課税
	家賃（住宅）	非課税
	家賃（事業所）	課税
	リース料	課税
支払利息	支払利息	非課税
保証料	信用保証料	非課税
有価証券売却損	有価証券売却損	非課税
有価証券評価損	有価証券評価損	不課税
引当金繰入額	貸倒引当金繰入額	不課税
	賞与引当金繰入額	不課税
固定資産取得	土地	非課税
	建物	課税
	機械装置	課税
	工具、器具、備品	課税
減価償却費	減価償却費	不課税

※上記の一覧表は原則的な取扱いを示したものであり、実際の運用にあたっては、細かな取決めのある科目もある。詳細は、消費税法および消費税法基本通達を参照のこと。
※居住用賃貸建物にかかる課税仕入れ等の税額については、仕入税額控除の対象にならない。

Column

軽油は課税仕入れでしょうか？

ディーゼル車の燃料である軽油は課税仕入れでしょうか？　それとも、非課税・不課税仕入れでしょうか？

答えは、軽油引取税部分が不課税仕入れで、それ以外の部分が課税仕入れです。

ガソリンスタンドの領収証をよく見ると、軽油の領収証には必ず軽油引取税の金額が内訳として記載されていますね。軽油代の支払いを経理処理する場合には、課税仕入れの金額に軽油引取税を含めないように注意しましょう。

では、なぜ軽油税が不課税取引なのでしょうか。それは、軽油を使う者が軽油引取税の納税義務者であるからだとされています。

つまり、軽油を給油して軽油代をガソリンスタンドに支払ったつもりでいても、法律上は、代金の一部でガソリンスタンドを通じて軽油引取税を納めているということになっているのです。

このような取扱いになっている税金としては、軽油引取税のほかに、ゴルフ場利用税や入湯税があります。

経理処理には注意したいものですね。

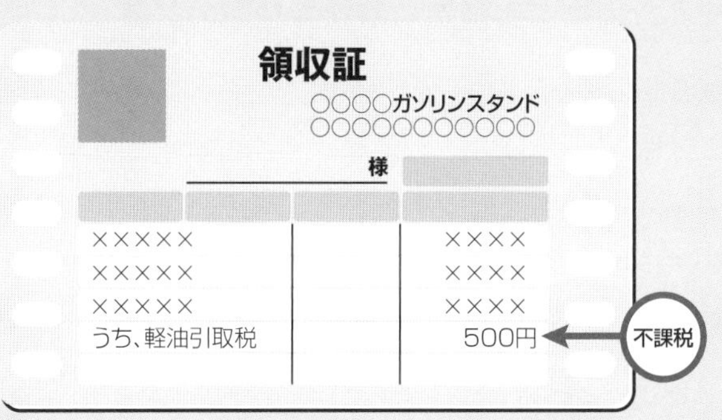

個別対応方式または一括比例配分方式

課税売上高が５億円超、または、課税売上割合が95％未満の場合には、課税仕入れにかかる消費税額に調整を加えて控除対象仕入税額を計算しなければなりません。

1 個別対応方式または一括比例配分方式

課税売上高が５億円超、または、課税売上割合が95％未満の場合には、課税仕入れにかかる消費税額のうち、課税売上に対応する部分のみを控除対象仕入税額とするための調整計算が必要です。この方法には、**個別対応方式**と**一括比例配分方式**の２つがあります。

課税事業者は、両者のいずれかを選択できます。ただし、一括比例配分方式によることとした事業者は、一括比例配分方式により計算することとした課税期間の初日から、同日以後２年を経過する日までの間に開始する各課税期間において、一括比例配分方式を継続して適用しなければなりません。

2 各方式による控除対象仕入税額の計算

個別対応方式による控除対象仕入税額の計算は、次ページの算式で表されます。課税仕入れにかかる消費税額のうち、課税資産の譲渡等にのみ要する部分は全額を控除対象仕入税額に含め、課税資産、非課税資産の譲渡等に共通して要する部分は、課税売上割合を乗じて控除対象仕入税額に含める、というものです。

一括比例配分方式による場合は、課税仕入れにかかる消費税額に課税売上割合を乗じて、控除対象仕入税額を計算します。

FIGURE 31 計算方式はどちらを選ぶ？

課税売上高が5億円超、または、課税売上割合が95%未満

↓

課税仕入れにかかる消費税額のうち、課税売上に対応する部分のみを控除対象仕入税額とするための調整計算が必要。

個別対応方式　　**一括比例配分方式**

FIGURE 32 個別対応方式

控除対象仕入税額＝

課税資産の譲渡等にのみ要する課税仕入れにかかる消費税額 ＋（課税資産、非課税資産の譲渡等に共通して要する課税仕入れにかかる消費税額 × 課税売上割合）

FIGURE 33 一括比例配分方式

控除対象仕入税額＝

課税仕入れにかかる消費税額 × 課税売上割合

帳簿および請求書等の保存要件

仕入れにかかる消費税額の控除は、課税仕入れ等の税額の控除にかかる帳簿、および請求書等を事業者が保存することが要件とされています。

1 仕入れにかかる消費税額の控除のための要件

仕入れにかかる消費税額の控除は、一定の要件を満たした場合にのみ認められるものです。

仕入れにかかる消費税額の控除の要件としては、①課税仕入れに関する請求書等を保存し、②一定の事項を記載した帳簿を保存しなくてはなりません。

請求書等の証憑（しょうひょう）書類は当然に保存されるものですので、特段、問題はありません。

一方、帳簿に記載すべき事項は、次ページの表のとおり細かく定められており、うっかり記入を忘れることもあります。日常の記帳業務においてはこの点を意識して、必要事項を漏れなく記載するよう努めましょう。

2 帳簿の保存のみでよい場合

課税仕入れにかかる支払対価の額の合計額が３万円未満である場合については、請求書等の保存は必要とされておらず、帳簿の保存だけでよいとされています。

また、課税仕入れにかかる支払対価の額の合計額が３万円以上である場合でも、請求書等の交付を受けなかったことにつきやむを得ない理由があるときは、帳簿の保存だけでよいとされています。

FIGURE 34 帳簿に記載すべき事項

❶課税仕入れの相手方の氏名または名称
❷課税仕入れを行った年月日
❸資産または役務の内容（軽減税率の対象である場合はその旨）
❹支払対価の額

FIGURE 35 請求書等の交付を受けなかったことにつき、やむを得ない理由があるときの範囲

（1）自動販売機を利用して課税仕入れを行った場合。
（2）入場券、乗車券、搭乗券等のように、課税仕入れにかかる証明書類が資産の譲渡等を受けるときに資産の譲渡等を行う者により回収されることとなっている場合。
（3）課税仕入れを行った者が課税仕入れの相手方に請求書等の交付を請求したが、交付を受けられなかった場合。
（4）課税仕入れを行った場合において、その課税仕入れを行った課税期間の末日までにその支払対価の額が確定していない場合。なお、この場合には、その後、支払対価の額が確定したときに、課税仕入れの相手方から請求書等の交付を受け保存するものとする。
（5）その他、これらに準ずる理由により請求書等の交付を受けられなかった場合。

適格請求書等保存方式が導入される

令和5（2023）年10月1日より、仕入れにかかる消費税額控除のための要件として求められる請求書が適格請求書になります。これまでよりも、仕入れにかかる消費税額の控除を受けにくくなることが予想されます。

1 帳簿と請求書の保存のルールが厳しくなる

66ページで解説したとおり、仕入れにかかる消費税額の控除を受けるためには、帳簿と請求書等を保存することが法令上求められています。

令和5年10月1日以降は、このルールが厳しくなり、ただの請求書を保存するだけではダメで、**適格請求書**を保存することが必要となります。この適格請求書を発行できるのは**適格請求書発行事業者**に限られます。そして、適格請求書発行事業者は消費税の課税事業者に限定され、免税事業者は発行できません。

つまり、免税事業者からの仕入れにあたっては、消費税額の控除を受けられないことになるのです。

2 適格請求書の記載事項

適格請求書発行事業者は、適格請求書に①適格請求書発行事業者の氏名または名称および登録番号、②取引年月日、③取引内容（軽減税率の対象品目である場合はその旨も）、④税率ごとに合計した対価の額および適用税率、⑤税率ごとに区分した消費税額等、⑥交付を受ける事業者の氏名または名称――を記載しなくてはなりません。

FIGURE 36 適格請求書の導入による影響

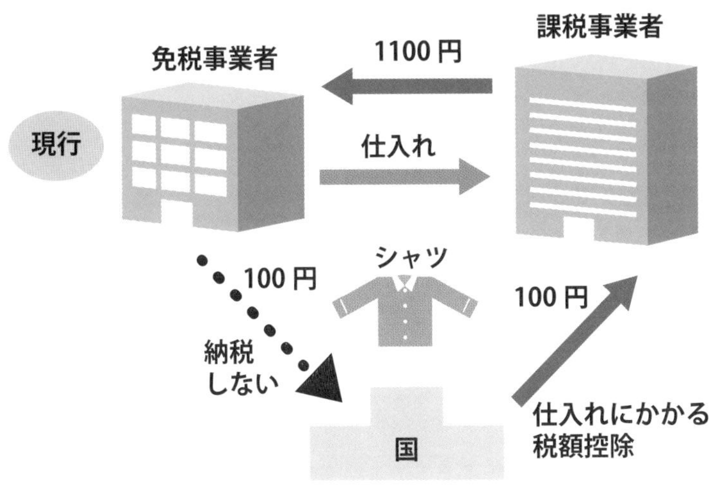

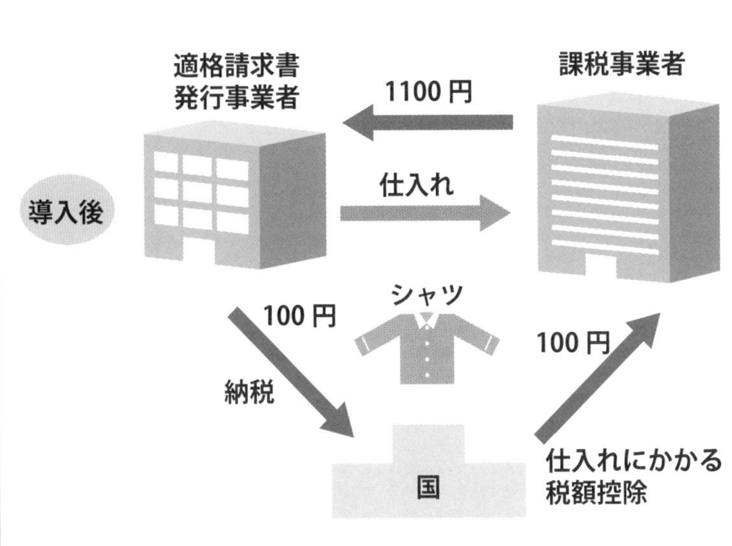

調整対象固定資産

調整対象固定資産については、仕入れにかかる消費税額の取扱いに特別の規定が置かれています。

1 調整対象固定資産とは

調整対象固定資産とは、棚卸資産以外の資産で、建物、構築物、機械および装置、船舶、航空機、車両および運搬具、工具、器具および備品、鉱業権その他の資産で、その税抜対価の額が100万円以上のものをいいます。

2 調整対象固定資産特有の調整とは

調整対象固定資産に特有の調整項目が３つあります。

１つ目は、**課税売上割合が著しく変動した場合の調整**です。これは、第３年度の課税期間（仕入れ等を行った課税期間の開始の日から３年を経過する日の属する課税期間）における通算課税売上割合が、仕入れ等の課税期間における課税売上割合に対して著しく増減した場合に、通算課税売上割合で控除対象仕入税額を計算し直す、というものです。

２つ目は、**課税業務用調整対象固定資産を非課税用に転用した場合の調整**です。課税業務用調整対象固定資産を、取得から３年以内に非課税業務用に転用した場合には、転用した日の属する課税期間の納税額を増加させます。

３つ目は、**非課税業務用調整対象固定資産を課税用に転用した場合の調整**です。２つ目の取扱いとは逆に、転用した日の属する課税期間の納税額を減少させます。

FIGURE 37 **調整対象固定資産…仕入れにかかる消費税額の調整**

❶課税売上割合が著しく変動した場合の調整

❷課税業務用調整対象固定資産を非課税用に転用した場合の調整

❸非課税業務用調整対象固定資産を課税用に転用した場合の調整

高額で長期にわたって利用する固定資産の仕入れにかかる消費税額については、取得した年の状況だけで判断することはせず、3年間の状況を見て必要に応じて調整することとされている。

免税事業者から課税事業者になった場合の取扱い

免税事業者から課税事業者になった場合には、棚卸資産にかかる消費税額について調整を行います。

1 課税事業者になった場合の調整

免税事業者が課税事業者になった場合には、課税事業者となる日の前日に所有する棚卸資産については、課税事業者になった課税期間の課税仕入れとみなして**控除対象仕入税額**を計算することとされています。

これは、新たに課税事業者となった課税期間においては、控除対象仕入税額が期首在庫ぶんだけ少なくなることに対する手当てです。

なお、この調整は棚卸資産のみを対象としますので、固定資産などについては調整されません。

2 免税事業者になった場合の調整

上記と反対に、課税事業者が免税事業者になった場合には、免税事業者となる日の前日に所有する棚卸資産については、課税事業者である課税期間の課税仕入れから除いて控除対象仕入税額を計算することとされています。

これは、新たに免税事業者となった課税期間において販売される在庫についてまで、消費税を控除する必要はないためです。

なお、この調整も棚卸資産のみを対象としますので、固定資産などについては調整されません。

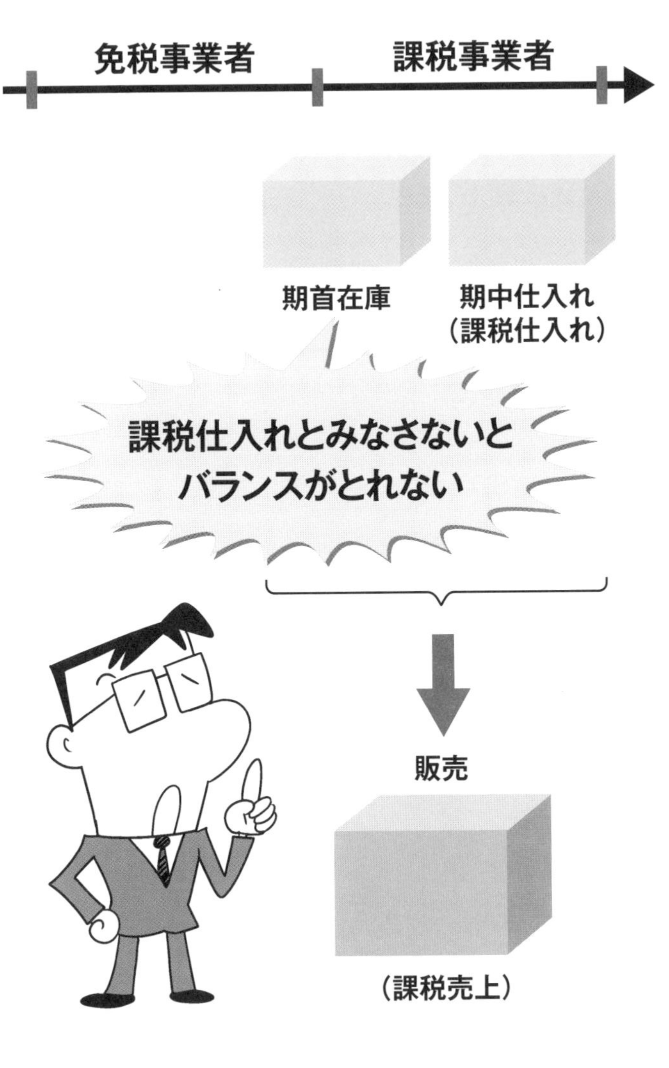
FIGURE
38
課税事業者になった場合
免税事業者
課税事業者
期首在庫
期中仕入れ
（課税仕入れ）
課税仕入れとみなさないと
バランスがとれない
販売
（課税売上）

簡易課税制度とは？

中小事業者の仕入れにかかる消費税額の控除の特例について見てみましょう。

1 簡易課税制度の概略

簡易課税制度とは、みなし仕入率を用いて控除対象仕入税額を計算する方法です。簡易課税制度は、基準期間の課税売上高が5000万円以下の事業者が、消費税簡易課税制度選択届出書（130ページ）をあらかじめ税務署長に提出した場合にのみ適用を受けられます。

簡易課税制度によった場合の控除対象仕入税額は、次の算式で求められます。

控除対象仕入税額＝課税標準額に対する消費税額×みなし仕入率

2 業種ごとのみなし仕入率

みなし仕入率は、90%から40%までの6段階に分かれています。事業の種類によって次ページの表のように区分されます。

一般的に利益率が低い業種のみなし仕入率は高く設定されており、反対に利益率の高い業種のみなし仕入率は低く設定されています。

3 軽減税率導入への対応

令和元年10月1日以降、軽減税率の対象となる飲食料品を生産する農林水産業については、その軽減税率の対象となる飲食料品の譲渡にかかる部分について第二種事業とされました。

平成22年度改正による新ルール

調整対象固定資産の仕入れを行ったために課税事業者から免税事業者に戻れない期間（31、35ページ）、および高額特定資産の仕入れ等を行ったために課税事業者から免税事業者に戻れない期間（26ページ）については、簡易課税を選択できません。

FIGURE 39 みなし仕入率は5段階

事業区分	みなし仕入率	該当する事業
第一種事業	90%	卸売業
第二種事業	80%	小売業 農業、林業、漁業のうち飲食料品の譲渡を行う事業
第三種事業	70%	農業、林業、漁業、鉱業、建設業、製造業、電気業、ガス業、熱供給業および水道業
第四種事業	60%	第一種事業、第二種事業、第三種事業、第五種事業および第六種事業以外の事業をいう
第五種事業	50%	運輸通信業、金融業、保険業、サービス業
第六種事業	40%	不動産業

卸売業は利益率が
低いため、
みなし仕入率が高い。

2種類以上の事業を営む場合

簡易課税制度の適用を受ける課税事業者が、2種類以上の事業を営む場合には、控除対象仕入税額の計算が少し複雑になります。

1 2種類以上の事業を営む場合の控除対象仕入税額

2種類以上の事業を営む場合、みなし仕入率の計算は少し複雑です。原則的な算式は次ページのとおりです。

2 2種類以上の事業を営む場合のみなし仕入率の特例

2種類以上の事業を営む事業者について、1種類の事業の課税売上高が全体の課税売上高の75%以上を占める場合には、その事業のみなし仕入率を全体の課税売上に対して適用することができます。

なお、この特例の適用を受けるかどうかは、課税事業者が自由に選択できますので、課税事業者にとって有利な場合にのみ特例を選択すればよいでしょう。

3種類以上の事業を営む事業者について、特定2種類の事業の課税売上高の合計額が全体の課税売上高の75%以上を占める場合には、その2種類のうち、みなし仕入率の高い方の事業にかかる課税売上高については、そのみなし仕入率を適用し、それ以外の課税売上高については、その2種類の事業のうち、低い方のみなし仕入率を適用することができます。

この場合の算式は、次ページのとおりです。

2種類以上の事業を営む場合の原則的な計算方法

仕入控除税額＝（課税標準額に対する消費税額 − 売上にかかる対価の返還等の金額にかかる消費税額）

×

（第一種事業にかかる消費税額×90%）＋（第二種事業にかかる消費税額×80%）＋（第三種事業にかかる消費税額×70%）＋（第四種事業にかかる消費税額×60%）＋（第五種事業にかかる消費税額×50%）＋（第六種事業にかかる消費税額×40%）

────────────────────

第一種事業にかかる消費税額＋第二種事業にかかる消費税額＋第三種事業にかかる消費税額＋第四種事業にかかる消費税額＋第五種事業にかかる消費税額＋第六種事業にかかる消費税額

FIGURE 41

2種類の事業の課税売上高の合計額が75%以上を占める場合の特例計算

仕入控除税額＝（課税標準額に対する消費税額 − 売上にかかる対価の返還等の金額にかかる消費税額）

×

（みなし仕入率の高い事業にかかる消費税額 × みなし仕入率の高い事業のみなし仕入率）＋（左以外の事業にかかる消費税額 × みなし仕入率の低い事業のみなし仕入率）

────────────────────

売上にかかる消費税額

売上にかかる対価の返還等をした場合の消費税額の控除

返品を受けたり、割戻しを行った場合の取扱いについて見てみましょう。

1 課税売上高から控除する項目

前節までは控除対象仕入税額について検討してきましたが、消費税額から控除する項目としては、ほかにも２つ、合計３つあります。

①控除対象仕入税額

②返還等対価にかかる税額

③貸倒れにかかる税額

ここでは、②返還等対価にかかる税額を見てみましょう。

2 返還等対価にかかる税額

事業者が、国内において行った課税資産の譲渡等につき、返品を受け、または値引き、もしくは割戻しをしたことにより、当該課税資産の税込価額の返還または売掛金等の減額をした場合には、対価の返還等をした日の属する課税期間の課税標準額に対する消費税額から、当該課税期間において行った売上にかかる対価の、返還等の金額にかかる消費税額の合計額を控除することとされています。

3 課税売上高から直接控除することも認められる

返品、値引きもしくは割戻しを売上高から控除する経理処理を行っている場合には、課税売上高の計算において、あらかじめ返品等を控除しておく経理処理が認められます。その場合は、上記❷のような控除を行う必要がありません。

FIGURE 42 原則的な方法

売上高 →		課税標準額に対する消費税額
値引、返品等 →	−	返還等対価にかかる消費税額
	差引	**納付税額**

FIGURE 43 認められる簡単な方法

	売上高
−	値引、返品等
	純売上高 → **課税標準額に対する消費税額**

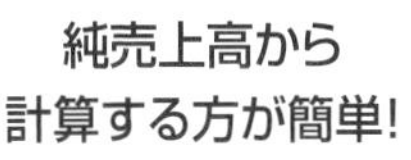

貸倒れにかかる税額の調整

貸倒れがあった場合には消費税額から控除できます。

1 課税売上高から控除する項目

課税売上高から控除する項目は次の３つです。

①控除対象仕入税額

②返還等対価にかかる税額

③貸倒れにかかる税額

ここでは、③貸倒れにかかる税額を見てみましょう。

2 貸倒れにかかる税額の控除

売掛金等の債権が貸倒れになった場合は、貸倒れになった債権の消費税相当額を、課税標準額に対する消費税額から控除することができるとされています。

3 課税売上にかかる債権のみが対象

税額控除の対象となる債権は、課税売上にかかる部分のみです。

貸付金などの債権は当然ながら対象になりませんし、土地の売却代金など非課税売上にかかる部分も対象になりません。

貸倒れになった債権が、課税売上にかかる部分と非課税売上にかかる部分から構成されている場合は、貸倒れた時点における債権額の割合で区分することとなります。

FIGURE 44 消費税法上の貸倒れの範囲

・会社更生法の規定による更生計画認可の決定により債権の切捨てがあったこと。 申し立てではダメ

・民事再生法の規定による再生計画認可の決定により債権の切捨てがあったこと。 申し立てではダメ

・商法の規定による特別清算にかかる協定の認可により債権の切捨てがあったこと。

・金融機関等の更生手続の特例等に関する法律の規定による更生計画認可の決定により債権の切捨てがあったこと。

・債権にかかる債務者の財産の状況、支払能力などから見て当該債務者が債務の全額を弁済できないことが明らかであること。

・商法の規定による整理計画の決定により債権の切捨てがあったこと。

・法令の規定による整理手続によらない関係者の協議決定で次に掲げるものにより債権の切捨てがあったこと。

> イ　債権者集会の協議決定で合理的な基準により債務者の負債整理を定めているもの。
>
> ロ　行政機関または金融機関その他の第三者のあっせんによる当事者間の協議により締結された契約で、その内容がイに準ずるもの。

・債務者の債務超過の状態が相当期間継続し、その債務を弁済できないと認められる場合において、その債務者に対し書面により債務の免除を行ったこと。

・債務者について次に掲げる事実が生じた場合において、その債務者に対して有する債権につき、事業者が当該債権の額から備忘価額を控除した残額を貸倒れとして経理したこと。

> イ　継続的な取引を行っていた債務者につきその資産の状況、支払能力などが悪化したことにより、当該債務者との取引を停止したとき（最後の弁済期または最後の弁済のときが当該取引を停止したとき以後である場合には、これらのうち最も遅いとき）以後1年以上経過した場合（当該債権について担保物がある場合を除く）。
>
> ロ　事業者が同一地域の債務者について有する当該債権の総額がその取立てのために要する旅費その他の費用に満たない場合において、当該債務者に対し支払を督促したにもかかわらず弁済がないとき。

適格請求書発行事業者の登録は済ませましたか？

68ページで解説しましたが、令和5（2023）年10月1日から適格請求書等保存方式（いわゆる「インボイス方式」）が導入されます。

自社が仕入税額控除を受けるために、仕入れ先から交付された適格請求書を保存しなくてはならないというのが第一の対応になります。これは、自社がお客さんの立場での対応ですね。

もう1つ、自社が販売者側の立場での対応も必要になります。第二の対応は、自社のお客さんに適格請求書を交付するための準備です。

適格請求書を交付しようとする課税事業者は、適格請求書発行事業者としての登録を受けなければなりません。

この登録を受けようとする場合は、納税地を所轄する税務署長に、適格請求書発行事業者の登録申請書を提出しなければなりません。

まだ手続きがお済みでない場合は、登録申請書の提出について早めにご検討ください。

申告と納付

法人税や所得税と同じように、消費税も事業者が自ら納税額を計算しなければなりません。

ここでは、消費税の確定申告書の記載例を実際に見てみましょう。さらに、消費税の確定申告にあたっての注意点も詳しく解説します。

課税標準額の計算（一般課税のケース①）

ここでは、実際の消費税の確定申告書の記載を見ながら、消費税額の計算を理解していきましょう。

1 まず課税標準額を計算する

ほとんどの税金は、課税標準額に税率を乗じて税額を計算する構造が採られています。消費税も同様で、まず課税標準額を算定することから始めます。

消費税の課税標準額は、課税資産の譲渡等の対価の額ですが、これには消費税等相当額を含みません。そこで、税込みの課税売上高に100/110を乗じて課税標準額を求めます。

課税標準額 ＝ 課税売上高(税込み) × 100 / 110

計算例：課税売上高 110,000,000 円の場合

課税標準額 ＝ 110,000,000 円 × 100 / 110
　　　　　 ＝ 100,000,000 円

2 次に消費税額を計算する

課税標準額を計算したら、次に消費税額を計算します。国税である消費税の税率は7.8%ですので、課税標準額に7.8%を乗じます。

消費税額 ＝ 課税標準額 × 7.8%

計算例：上記の場合

消費税額 ＝ 100,000,000 円 × 7.8%
　　　　 ＝ 7,800,000 円

（➡ 86ページに続きます）

FIGURE 45 申告書記載例（②まで記入のもの）

第3-(1)号様式

平成　年　月　日　麻布 税務署長殿

納税地	東京都港区六本木9-23-11 (電話番号 03 - **** - ****)
(フリガナ)	ハマダショウテンカブシキガイシャ
名称又は屋号	浜田商店株式会社
個人番号又は法人番号	* * * * * * * * * * * * *
(フリガナ)	ハマダコウイチ
代表者氏名又は氏名	浜田 孝一 印

※税務署処理欄：一連番号／翌年以降送付不要／所管／要否／整理番号／申告年月日 平成 年 月 日／申告区分／指導等／庁指定／局指定／通信日付印／確認印／確認書類 個人番号カード 通知カード・運転免許証 その他（ ）／身元確認／指導 年 月 日／相談／区分1／区分2／区分3

第一表　平成三十一年十月一日以後終了課税期間分（一般用）

自 平成 ** 年 4 月 1 日　至 平成 ** 年 3 月 31 日

課税期間分の消費税及び地方消費税の（ 確定 ）申告書

（中間申告の場合の対象期間　自 平成 年 月 日　至 平成 年 月 日）

この申告書による消費税の税額の計算

課税標準額	①	100000000
消費税額	②	7800000
控除過大調整税額	③	
控除税額 控除対象仕入税額	④	
控除税額 返還等対価に係る税額	⑤	
控除税額 貸倒れに係る税額	⑥	
控除税額 控除税額小計 (④+⑤+⑥)	⑦	
控除不足還付税額 (⑦-②-③)	⑧	
差引税額 (②+③-⑦)	⑨	00
中間納付税額	⑩	00
納付税額 (⑨-⑩)	⑪	00
中間納付還付税額 (⑩-⑨)	⑫	00
この申告書が修正申告である場合 既確定税額	⑬	
この申告書が修正申告である場合 差引納付税額	⑭	00
課税売上割合 課税資産の譲渡等の対価の額	⑮	
課税売上割合 資産の譲渡等の対価の額	⑯	

税抜き!

この申告書による地方消費税の税額の計算

地方消費税の課税標準となる消費税額 控除不足還付税額	⑰	
地方消費税の課税標準となる消費税額 差引税額	⑱	00
譲渡割額 還付額	⑲	
譲渡割額 納税額	⑳	00
中間納付譲渡割額	㉑	00
納付譲渡割額 (⑳-㉑)	㉒	00
中間納付還付譲渡割額 (㉑-⑳)	㉓	00
この申告書が修正申告である場合 既確定譲渡割額	㉔	
この申告書が修正申告である場合 差引納付譲渡割額	㉕	00
消費税及び地方消費税の合計(納付又は還付)税額	㉖	

付記事項			
割賦基準の適用	有	無	
延払基準等の適用	有	無	
工事進行基準の適用	有	無	
現金主義会計の適用	有	無	

参考事項		
課税標準額に対する消費税額の計算の特例の適用	有	無
控除税額の計算方法 課税売上高5億円超又は課税売上割合95%未満	個別対応方式	一括比例配分方式
控除税額の計算方法 上記以外	全額控除	
基準期間の課税売上高	千円	

還付を受けようとする金融機関等：銀行・金庫・組合・農協・漁協　本店・支店　出張所　本所・支所／預金 口座番号／ゆうちょ銀行の貯金記号番号 －／郵便局名等／※税務署整理欄

税理士署名押印　印　(電話番号 － －)

税理士法第30条の書面提出有

税理士法第33条の2の書面提出有

控除税額の計算（一般課税のケース②）

消費税額の計算に続いて、控除税額を計算します。

1 控除税額

前節で計算した消費税額から控除する項目は次の 3 つです。

①控除対象仕入税額

②返還等対価にかかる税額

③貸倒れにかかる税額

このうち、特に計算が必要となるのは、①控除対象仕入税額です。計算の詳細は第 4 章で解説しています。

2 課税売上割合を計算する

控除対象仕入税額の計算は、「付表 2-1」の書式で行います。

最初に課税売上割合を計算します。これは、付表 2-1 の①～⑦の空欄に金額を記載し計算することで簡単に行えます。

$$\text{課税売上割合} = \frac{\text{課税売上額} + \text{免税売上額}}{\text{課税売上額} + \text{免税売上額} + \text{非課税売上額}}$$

計算例：課税売上額（税抜き）100,000,000 円、非課税売上額 30,000 円の場合

$$\text{課税売上割合} = \frac{100{,}000{,}000\text{円} + 0\text{円}}{100{,}000{,}000\text{円} + 0\text{円} + 30{,}000\text{円}}$$

$$= 99\%\text{（端数切捨て）}$$

（➡ 88ページに続きます）

46 「付表 2-1」記載例（課税売上割合の計算まで）

第4-(2)号様式

付表2－1　　課税売上割合・控除対象仕入税額等の計算表　　　一般

課税期間	＊・4・1～＊・3・31	氏名又は名称	浜田商店株式会社

項目		旧税率分小計 X	税率6.24％適用分 D	税率7.8％適用分 E	合計 F (X+D+E)
課税売上額（税抜き）	①	(付表2-2の①X欄の金額) 円	円	100.000.000 円	100,000,000 円
免税売上額	②				
非課税資産の輸出等の金額、海外支店等へ移送した資産の価額	③				
課税資産の譲渡等の対価の額（①＋②＋③）	④				※第一表の⑮欄へ ※付表2-2の④X欄へ 100.000.000
課税資産の譲渡等の対価の額（④の金額）	⑤				100,000,000
非課税売上額	⑥				30.000
資産の譲渡等の対価の額（⑤＋⑥）	⑦				※第一表の⑯欄へ ※付表2-2の⑦X欄へ 100.030.000
課税売上割合（④／⑦）	⑧				※付表2-2の⑧X欄へ [99％] ※端数切捨て
課税仕入れに係る支払対価の額（税込み）	⑨	(付表2-2の⑨X欄の金額)			
課税仕入れに係る消費税額	⑩	(付表2-2の⑩X欄の金額)	(⑨D欄×6.24/108)		
特定課税仕入れに係る支払対価の額	⑪	(付表2-2の⑪X欄の金額)	※⑪及び⑫欄は、課税売上割合が95％未満、かつ、特定課税仕入れがある事業者のみ記載する。		
特定課税仕入れに係る消費税額	⑫	(付表2-2の⑫X欄の金額)		(⑪E欄×7.8/100)	
課税貨物に係る消費税額	⑬	(付表2-2の⑬X欄の金額)			
納税義務の免除を受けない（受ける）こととなった場合における消費税額の調整（加算又は減算）額	⑭	(付表2-2の⑭X欄の金額)			
課税仕入れ等の税額の合計額 (⑩＋⑫＋⑬±⑭)	⑮	(付表2-2の⑮X欄の金額)			
課税売上高が5億円以下、かつ、課税売上割合が95％以上の場合 (⑮の金額)	⑯	(付表2-2の⑯X欄の金額)			
課税売上高が5億円超又は課税売上割合が95％未満の場合　個別対応方式　⑮のうち、課税売上げにのみ要するもの	⑰	(付表2-2の⑰X欄の金額)			
課税売上高が5億円超又は課税売上割合が95％未満の場合　個別対応方式　⑮のうち、課税売上げと非課税売上げに共通して要するもの	⑱	(付表2-2の⑱X欄の金額)			
課税売上高が5億円超又は課税売上割合が95％未満の場合　個別対応方式　個別対応方式により控除する課税仕入れ等の税額 〔⑰＋(⑱×④／⑦)〕	⑲	(付表2-2の⑲X欄の金額)			
課税売上高が5億円超又は課税売上割合が95％未満の場合　一括比例配分方式により控除する課税仕入れ等の税額 (⑮×④／⑦)	⑳	(付表2-2の⑳X欄の金額)			
控除の調整額　課税売上割合変動時の調整対象固定資産に係る消費税額の調整（加算又は減算）額	㉑	(付表2-2の㉑X欄の金額)			
控除の調整額　調整対象固定資産を課税業務用（非課税業務用）に転用した場合の調整（加算又は減算）額	㉒	(付表2-2の㉒X欄の金額)			
差引　控除対象仕入税額 〔(⑯、⑲又は⑳の金額)±㉑±㉒〕がプラスの時	㉓	(付表2-2の㉓X欄の金額)	※付表1-1の④D欄へ	※付表1-1の④E欄へ	
差引　控除過大調整税額 〔(⑯、⑲又は⑳の金額)±㉑±㉒〕がマイナスの時	㉔	(付表2-2の㉔X欄の金額)	※付表1-1の③D欄へ	※付表1-1の③E欄へ	
貸倒回収に係る消費税額	㉕	(付表2-2の㉕X欄の金額)	※付表1-1の③D欄へ	※付表1-1の③E欄へ	

注意
1　金額の計算においては、1円未満の端数を切り捨てる。
2　旧税率が適用された取引がある場合は、付表2-2を作成してから当該付表を作成する。
3　⑨及び⑪欄には、値引き、割戻し、割引きなど仕入対価の返還等の金額がある場合（仕入対価の返還等の金額を仕入金額から直接減額している場合を除く。）には、その金額を控除した後の金額を記載する。

控除対象仕入税額の計算（一般課税のケース③）

課税売上割合の計算に続いて控除対象仕入税額を計算します。

1 課税仕入高を集計し転記する

総勘定元帳の記録や経理ソフトのデータから集計された課税仕入高（税込み）を、「付表2-1」の⑨に記入します。先ほど①に記載した課税売上額は税抜金額を記載しましたが、課税仕入高は税込金額で記載することに注意が必要です。

2 課税仕入れにかかる消費税額を計算する

課税仕入れにかかる消費税額を求め、「付表2-1」の⑩および⑮に記載します。

課税仕入れにかかる消費税額 ＝ 課税仕入高(税込み) × 7.8 / 110

計算例：課税仕入高 88,000,000円の場合

課税仕入れにかかる消費税額　＝ 88,000,000円 × 7.8 / 110
＝ 6,240,000円

3 課税売上高が5億円以下、かつ課税売上割合が95%以上の場合

課税売上高が5億円以下、かつ、課税売上割合が95%以上の場合は、課税仕入れにかかる消費税額をそのまま全額控除することができます（詳しい解説は56ページ）。86ページの計算例では、課税売上割合が99%となっていましたので、「付表2-1」の⑮の金額を、そのまま⑯に転記します。

（➡ 92ページに続きます）

FIGURE 47 「付表 2-1」記載例（完成版）

第4-(2)号様式

付表2－1　課税売上割合・控除対象仕入税額等の計算表　　一 般

課税期間	*・4・1～*・3・31	氏名又は名称	浜田商店株式会社

項目		旧税率分小計 X	税率6.24％適用分 D	税率7.8％適用分 E	合計 F (X+D+E)
課税売上額（税抜き）	①	(付表2-2の①X欄の金額) 円	円	100,000,000 円	100,000,000 円
免税売上額	②				
非課税資産の輸出等の金額、海外支店等へ移送した資産の価額	③				
課税資産の譲渡等の対価の額（①＋②＋③）	④				※第一表の⑮欄へ ※付表2-2の④X欄へ 100,000,000
課税資産の譲渡等の対価の額（④の金額）	⑤				100,000,000
非課税売上額	⑥				30,000
資産の譲渡等の対価の額（⑤＋⑥）	⑦				※第一表の⑯欄へ ※付表2-2の⑦X欄へ 100,030,000
課税売上割合（④／⑦）	⑧				※付表2-2の⑧X欄へ ［ 99％］ ※端数切捨て
課税仕入れに係る支払対価の額（税込み）	⑨	(付表2-2の⑨X欄の金額)		88,000,000	88,000,000
課税仕入れに係る消費税額	⑩	(付表2-2の⑩X欄の金額)	(⑨D欄×6.24/108)	(⑨E欄×7.8/110) 6,240,000	6,240,000
特定課税仕入れに係る支払対価の額	⑪	(付表2-2の⑪X欄の金額)	※⑪及び⑫欄は、課税売上割合が95％未満、かつ、特定課税仕入れがある事業者のみ記載する。		
特定課税仕入れに係る消費税額	⑫	(付表2-2の⑫X欄の金額)			
課税貨物に係る消費税額	⑬	(付表2-2の⑬X欄の金額)			
納税義務の免除を受けない（受ける）こととなった場合における消費税額の調整（加算又は減算）額	⑭	(付表2-2の⑭X欄の金額)			
課税仕入れ等の税額の合計額（⑩＋⑫＋⑬±⑭）	⑮	(付表2-2の⑮X欄の金額)		6,240,000	6,240,000
課税売上高が5億円以下、かつ、課税売上割合が95％以上の場合（⑮の金額）	⑯	(付表2-2の⑯X欄の金額)		6,240,000	6,240,000
課税売上高が5億円超又は課税売上割合が95％未満の場合　個別対応方式　⑮のうち、課税売上げにのみ要するもの	⑰	(付表2-2の⑰X欄の金額)			
〃　個別対応方式　⑮のうち、課税売上げと非課税売上げに共通して要するもの	⑱	(付表2-2の⑱X欄の金額)			
〃　個別対応方式により控除する課税仕入れ等の税額〔⑰＋(⑱×④／⑦)〕	⑲	(付表2-2の⑲X欄の金額)			
〃　一括比例配分方式により控除する課税仕入れ等の税額（⑮×④／⑦）	⑳	(付表2-2の⑳X欄の金額)			
控除税額の調整　課税売上割合変動時の調整対象固定資産に係る消費税額の調整（加算又は減算）額	㉑	(付表2-2の㉑X欄の金額)			
控除税額の調整　調整対象固定資産を課税業務用（非課税業務用）に転用した場合の調整（加算又は減算）額	㉒	(付表2-2の㉒X欄の金額)			
差引　控除対象仕入税額〔(⑯、⑲又は⑳の金額)±㉑±㉒〕がプラスの時	㉓	(付表2-2の㉓X欄の金額)	※付表1-1の④D欄へ	※付表1-1の④E欄へ 6,240,000	6,240,000
差引　控除過大調整税額〔(⑯、⑲又は⑳の金額)±㉑±㉒〕がマイナスの時	㉔	(付表2-2の㉔X欄の金額)	※付表1-1の③D欄へ	※付表1-1の③E欄へ	
貸倒回収に係る消費税額	㉕	(付表2-2の㉕X欄の金額)	※付表1-1の③D欄へ	※付表1-1の③E欄へ	

注意　1　金額の計算においては、1円未満の端数を切り捨てる。
2　旧税率が適用された取引がある場合は、付表2-2を作成してから当該付表を作成する。
3　⑨及び⑩欄には、値引き、割戻し、割引きなど仕入対価の返還等の金額がある場合（仕入対価の返還等の金額を仕入金額から直接減額している場合を除く。）には、その金額を控除した後の金額を記載する。

税込み！

課税売上割合95％以上なら全額控除

課税売上割合95%未満の計算（一般課税のケース④）

ここでは、課税売上高が5億円超、または、課税売上割合が95%未満の場合の計算例を見てみましょう。

1 どのような場合に課税売上割合が95%未満となるか

例えば、居住用マンションを賃貸している事業者や、病院・貸金業など非課税取引となる売上高が多い業種を営んでいる事業者は、毎年、課税売上割合が95%未満となります。固定資産として所有している土地を売却した場合などは、一時的に課税売上割合が低下し、95%未満となることもあるので注意が必要です。

2 課税仕入高を集計し転記する

総勘定元帳の記録や経理ソフトのデータから集計された課税仕入高（税込み）を、「付表2-1」の⑨に記入します。続いて、課税仕入れにかかる消費税額を求め、「付表2-1」の⑩に記載します。

3 一括比例配分方式により控除する場合

課税売上高が5億円超、または、課税売上割合が95%未満の場合には、個別対応方式と一括比例配分方式のいずれかにより、控除する課税仕入れ等の税額を求めます（64ページ）。

一括比例配分方式を選択した場合には、課税仕入れ等の税額の合計額に課税売上割合を乗じて控除税額を計算します。

次ページは、88ページの計算例において、課税売上割合が80%の場合を示しています。

「付表2-1」記載例（課税売上高100,000,000円、非課税売上高25,000,000円の場合）

第4-(2)号様式

付表2－1　課税売上割合・控除対象仕入税額等の計算表　　一般

課税期間	＊・4・1～＊・3・31	氏名又は名称	有限会社田村工業

項目		旧税率分小計 X	税率6.24％適用分 D	税率7.8％適用分 E	合計 F (X+D+E)
課税売上額（税抜き）	①	(付表2-2の①X欄の金額) 円	円	円 100,000,000	円 100,000,000
免税売上額	②				
非課税資産の輸出等の金額、海外支店等へ移送した資産の価額	③				
課税資産の譲渡等の対価の額（①＋②＋③）	④				※第一表の⑮欄へ ※付表2-2の④X欄へ 100,000,000
課税資産の譲渡等の対価の額（④の金額）	⑤				100,000,000
非課税売上額	⑥				25,000,000
資産の譲渡等の対価の額（⑤＋⑥）	⑦				※第一表の⑯欄へ ※付表2-2の⑦X欄へ 125,000,000
課税売上割合（④／⑦）	⑧				※付表2-2の⑧X欄へ ［ 80％］ ※端数切捨て
課税仕入れに係る支払対価の額（税込み）	⑨	(付表2-2の⑨X欄の金額)		88,000,000	88,000,000
課税仕入れに係る消費税額	⑩	(付表2-2の⑩X欄の金額)	(⑨D欄×6.24/108)	(⑨E欄×7.8/110) 6,240,000	6,240,000
特定課税仕入れに係る支払対価の額	⑪	(付表2-2の⑪X欄の金額)	※⑪及び⑫欄は、課税売上割合が95％未満、かつ、特定課税仕入れがある事業者のみ記載する。		
特定課税仕入れに係る消費税額	⑫	(付表2-2の⑫X欄の金額)		(⑪E欄×7.8/100)	
課税貨物に係る消費税額	⑬	(付表2-2の⑬X欄の金額)			
納税義務の免除を受けない（受ける）こととなった場合における消費税額の調整（加算又は減算）額	⑭	(付表2-2の⑭X欄の金額)			
課税仕入れ等の税額の合計額（⑩＋⑫＋⑬±⑭）	⑮	(付表2-2の⑮X欄の金額)		6,240,000	6,240,000
課税売上高が5億円以下、かつ、課税売上割合が95％以上の場合（⑮の金額）	⑯	(付表2-2の⑯X欄の金額)			
課税売上高が5億円超又は課税売上割合が95％未満の場合　個別対応方式　⑮のうち、課税売上げにのみ要するもの	⑰	(付表2-2の⑰X欄の金額)			
課税売上高が5億円超又は課税売上割合が95％未満の場合　個別対応方式　⑮のうち、課税売上げと非課税売上げに共通して要するもの	⑱	(付表2-2の⑱X欄の金額)			
課税売上高が5億円超又は課税売上割合が95％未満の場合　個別対応方式により控除する課税仕入れ等の税額〔⑰＋(⑱×④／⑦)〕	⑲	(付表2-2の⑲X欄の金額)			
課税売上高が5億円超又は課税売上割合が95％未満の場合　一括比例配分方式により控除する課税仕入れ等の税額（⑮×④／⑦）	⑳	(付表2-2の⑳X欄の金額)		4,992,000	4,992,000
控除税額の調整　課税売上割合変動時の調整対象固定資産に係る消費税額の調整（加算又は減算）額	㉑	(付表2-2の㉑X欄の金額)			
控除税額の調整　調整対象固定資産を課税業務用（非課税業務用）に転用した場合の調整（加算又は減算）額	㉒	(付表2-2の㉒X欄の金額)			
差引　控除対象仕入税額〔(⑯、⑲又は⑳の金額)±㉑±㉒〕がプラスの時	㉓	(付表2-2の㉓X欄の金額)	※付表1-1の④D欄へ	※付表1-1の④E欄へ 4,992,000	4,992,000
差引　控除過大調整税額〔(⑯、⑲又は⑳の金額)±㉑±㉒〕がマイナスの時	㉔	(付表2-2の㉔X欄の金額)	※付表1-1の③D欄へ	※付表1-1の③E欄へ	
貸倒回収に係る消費税額	㉕	(付表2-2の㉕X欄の金額)	※付表1-1の③D欄へ	※付表1-1の③E欄へ	

注意　1　金額の計算においては、1円未満の端数を切り捨てる。
2　旧税率が適用された取引がある場合は、付表2-2を作成してから当該付表を作成する。
3　⑨及び⑩欄には、値引き、割戻し、割引きなど仕入対価の返還等の金額がある場合（仕入対価の返還等の金額を仕入金額から直接減額している場合を除く。）には、その金額を控除した後の金額を記載する。

課税売上割合95％未満の場合は調整

確定申告書に控除税額を記入（一般課税のケース⑤）

控除対象仕入税額を計算したあと、確定申告書の記載に戻ります。

1 確定申告書に控除税額を記入する

「付表2-1」で控除対象仕入税額を計算したら、確定申告書の控除税額欄への記載に移ります。

まず、「付表2-1」の㉓に記入されている控除対象仕入税額を、確定申告書第一表の④に転記します。続いて、返還等対価にかかる税額（⑤）を記入します。消費税の計算では、値引きや返品による対価の返還は、①②の金額から直接控除するのではなく、この⑤の欄で控除することが原則とされています。

ただし、多くの会社では、値引きや返品があった場合に、その金額を課税資産の譲渡等の対価の額から直接差し引く経理処理を継続して採用しています。その場合、⑤に記載する金額はすでに②の金額から差し引かれているため、この⑤にあらためて記入することはありません。最後に、貸倒れにかかる税額を⑥に記入します。

④＋⑤＋⑥で控除税額の合計を求めて⑦に記入します。

2 最後に納付税額を求める

消費税額（②）から控除税額（⑦）を差し引き、税額を計算します。中間納付税額がある場合には、これも差し引きます。

ここまでが、国税である消費税の計算です。

⑰より下で、地方消費税の計算を行います。

（➡ 94ページに続きます）

49 申告書記載例（⑯まで記入のもの）

第3-(1)号様式

平成　年　月　日　麻布 税務署長殿

納税地	東京都港区六本木9-23-11（電話番号 03 - **** - ****）
(フリガナ)	ハマダショウテンカブシキガイシャ
名称又は屋号	浜田商店株式会社
個人番号又は法人番号	*************
(フリガナ)	ハマダコウイチ
代表者氏名又は氏名	浜田 孝一　㊞

自 平成 ** 年 4 月 1 日
至 平成 ** 年 3 月 31 日

課税期間分の消費税及び地方消費税の（ 確定 ）申告書

第一表

この申告書による消費税の税額の計算

課税標準額	①	100000000
消費税額	②	7800000
控除過大調整税額	③	
控除税額　控除対象仕入税額	④	6240000
控除税額　返還等対価に係る税額	⑤	
控除税額　貸倒れに係る税額	⑥	
控除税額　控除税額小計（④＋⑤＋⑥）	⑦	6240000
控除不足還付税額（⑦－②－③）	⑧	
差引税額（②＋③－⑦）	⑨	1560000
中間納付税額	⑩	00
納付税額（⑨－⑩）	⑪	1560000
中間納付還付税額（⑩－⑨）	⑫	00
この申告書が修正申告である場合　既確定税額	⑬	
この申告書が修正申告である場合　差引納付税額	⑭	00
課税売上割合　課税資産の譲渡等の対価の額	⑮	100000000
課税売上割合　資産の譲渡等の対価の額	⑯	100030000

この申告書による地方消費税の税額の計算

地方消費税の課税標準となる消費税額　控除不足還付税額	⑰	
地方消費税の課税標準となる消費税額　差引税額	⑱	00
譲渡割額　還付額	⑲	
譲渡割額　納税額	⑳	00
中間納付譲渡割額	㉑	00
納付譲渡割額（⑳－㉑）	㉒	00
中間納付還付譲渡割額（㉑－⑳）	㉓	00
この申告書が修正申告である場合　既確定譲渡割額	㉔	
この申告書が修正申告である場合　差引納付譲渡割額	㉕	00
消費税及び地方消費税の合計（納付又は還付）税額	㉖	

付記事項	有	無
割賦基準の適用	有	無
延払基準等の適用	有	無
工事進行基準の適用	有	無
現金主義会計の適用	有	無
課税標準額に対する消費税額の計算の特例の適用	有	無

控除対象仕入税額は、付表2-1から転記

税理士署名押印 ㊞（電話番号　-　-　）

税理士法第30条の書面提出有
税理士法第33条の2の書面提出有

地方消費税の計算（一般課税のケース⑥）

地方消費税の計算を行います。

1 地方消費税は消費税の22/78

地方消費税の申告も、消費税の申告書で行います。法人県民税や法人市民税の申告書は、国税である法人税の申告書とまったく別のものとなっていて、申告書作成の事務作業が大きな負担となりますが、地方消費税の申告についてはこのような事務負担は大きく軽減されています。しかも、地方消費税の計算は、国税である消費税の税額に22/78を乗ずるという簡単なものとなっています。

まず、確定申告書の⑱に消費税の税額である⑨の金額を転記します。⑱に22/78を乗じた金額が、地方消費税の納税額です。これを⑳に記入します。

地方消費税についても、中間納付がある場合には、確定申告時の納税額からこれを差し引きます。

2 最後に合計税額を求める

国税である消費税と、地方消費税の納税額をそれぞれ計算したあと、これらを合計して㉖に記入します。

ここまでで、税額の計算は完了です。

3 実際には複数税率に対応する

実務では旧税率や軽減税率の取引もあるため、「第二表」や「付表1-1」を利用しますが、説明の簡略化のため省略します。

FIGURE 50 申告書記載例（完成版）

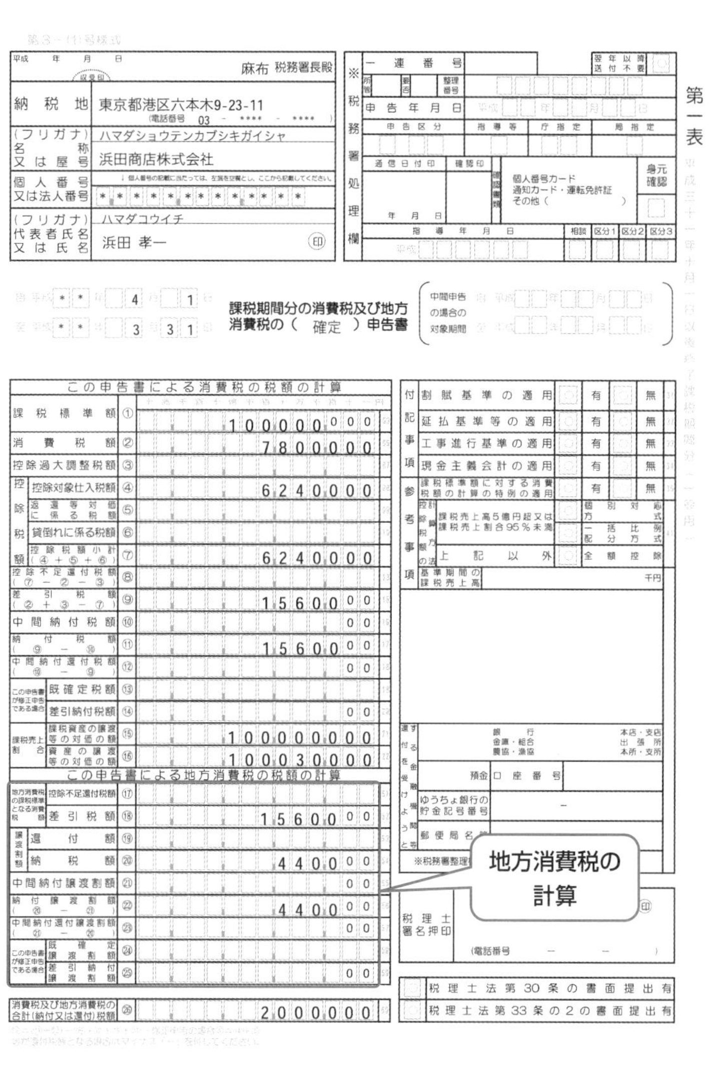

第3-(1)号様式

平成　年　月　日　麻布 税務署長殿

納税地	東京都港区六本木9-23-11（電話番号 03 - **** - ****）
（フリガナ）	ハマダショウテンカブシキガイシャ
名称又は屋号	浜田商店株式会社
個人番号又は法人番号	↓個人番号の記載に当たっては、左端を空欄とし、ここから記載してください。 * * * * * * * * * * * * *
（フリガナ）	ハマダコウイチ
代表者氏名又は氏名	浜田 孝一 ㊞

※税務署処理欄：一連番号／翌年以降送付不要／所管／要否／整理番号／申告年月日 平成 年 月 日／申告区分／指導等／庁指定／局指定／通信日付印／確認印／確認書類 個人番号カード 通知カード・運転免許証 その他（　）／身元確認／年 月 日／指導 年 月 日／相談 区分1 区分2 区分3／平成

自 平成 * * 年 4 月 1 日
至 平成 * * 年 3 月 31 日

課税期間分の消費税及び地方消費税の（ 確定 ）申告書

中間申告の場合の対象期間　自 平成 年 月 日　至 平成 年 月 日

第一表

この申告書による消費税の税額の計算

項目	番号	金額（円）
課税標準額	①	100000000
消費税額	②	7800000
控除過大調整税額	③	
控除税額 控除対象仕入税額	④	6240000
控除税額 返還等対価に係る税額	⑤	
控除税額 貸倒れに係る税額	⑥	
控除税額 控除税額小計（④＋⑤＋⑥）	⑦	6240000
控除不足還付税額（⑦－②－③）	⑧	
差引税額（②＋③－⑦）	⑨	1560000
中間納付税額	⑩	00
納付税額（⑨－⑩）	⑪	1560000
中間納付還付税額（⑩－⑨）	⑫	00
この申告書が修正申告である場合 既確定税額	⑬	
この申告書が修正申告である場合 差引納付税額	⑭	00
課税売上割合 課税資産の譲渡等の対価の額	⑮	1000000000
課税売上割合 資産の譲渡等の対価の額	⑯	1000030000

この申告書による地方消費税の税額の計算

項目	番号	金額（円）
地方消費税の課税標準となる消費税額 控除不足還付税額	⑰	
地方消費税の課税標準となる消費税額 差引税額	⑱	1560000
譲渡割額 還付額	⑲	
譲渡割額 納税額	⑳	440000
中間納付譲渡割額	㉑	00
納付譲渡割額（⑳－㉑）	㉒	440000
中間納付還付譲渡割額（㉑－⑳）	㉓	00
この申告書が修正申告である場合 既確定譲渡割額	㉔	
この申告書が修正申告である場合 差引納付譲渡割額	㉕	00
消費税及び地方消費税の合計（納付又は還付）税額	㉖	2000000

付記事項	有	無
割賦基準の適用	有	無
延払基準等の適用	有	無
工事進行基準の適用	有	無
現金主義会計の適用	有	無

参考事項		
課税標準額に対する消費税額の計算の特例の適用	有	無
控除税額の計算方法 課税売上高5億円超又は課税売上割合95％未満	個別対応方式	一括比例配分方式
控除税額の計算方法 上記以外	全額控除	
基準期間の課税売上高	千円	

還付を受けようとする金融機関等：銀行 金庫・組合 農協・漁協　本店・支店 出張所 本所・支所／預金 口座番号／ゆうちょ銀行の貯金記号番号 －／郵便局名等

※税務署整理欄

税理士署名押印 ㊞（電話番号　－　－　）

税理士法第30条の書面提出有
税理士法第33条の2の書面提出有

確定申告書への記載（簡易課税を選択しているケース①）

ここでは、簡易課税を選択している場合について、実際の消費税の確定申告書の記載方法を理解していきましょう。

1 まず課税標準額を計算する

簡易課税を選択している場合には、確定申告書の書式が一般課税のものとは異なります。必ず簡易課税用の申告書を使用します。

この場合も、課税標準額を算定することから始めます。

消費税の課税標準額は、課税資産の譲渡等の対価の額ですが、これには消費税等相当額を含みません。そこで、税込みの課税売上高に100/110を乗じて課税標準額を求めます。

課税標準額 ＝ 課税売上高（税込み）× 100 / 110

計算例：課税売上高 110,000,000 円の場合

課税標準額 ＝ 110,000,000 円 × 100 / 110
＝ 100,000,000 円

2 次に消費税額を計算する

課税標準額を計算したら、次に消費税額を計算します。国税である消費税の税率は7.8%ですので、課税標準額に7.8%を乗じます。

消費税額 ＝ 課税標準額 × 7.8%

計算例：上記の場合

消費税額 ＝ 100,000,000 円 × 7.8%
＝ 7,800,000 円

（➡ 98 ページに続きます）

FIGURE 51 申告書記載例（②まで記入のもの）

第3-(3)号様式

平成　年　月　日　麻布 税務署長殿

収受印

納税地	東京都港区六本木9-1-30（電話番号 03 - **** - ****）
（フリガナ）	カブシキガイシャクロダショウカイ
名称又は屋号	株式会社黒田商会
個人番号又は法人番号	↓個人番号の記載に当たっては、左端を空欄とし、ここから記載してください。 * * * * * * * * * * * * *
（フリガナ）	クロダユウイチ
代表者氏名又は氏名	黒田 雄一　㊞

※税務署処理欄：一連番号／翌年以降送付不要／所管／要否／整理番号／申告年月日 平成　年　月　日／申告区分／指導等／庁指定／局指定／通信日付印／確認印／確認書類 個人番号カード 通知カード・運転免許証 その他（　）／身元確認／年月日／指導年月日 平成／相談／区分1／区分2／区分3

㊅ 第一表 平成三十一年十月一日以後終了課税期間分（簡易課税用）

自 平成 * * 年 4 月 1 日
至 平成 * * 年 3 月 31 日

課税期間分の消費税及び地方消費税の（ 確定 ）申告書

中間申告の場合の対象期間　自 平成　年　月　日　至 平成　年　月　日

この申告書による消費税の税額の計算		
課税標準額	①	100000000
消費税額	②	7800000
貸倒回収に係る消費税額	③	
控除税額 控除対象仕入税額	④	
控除税額 返還等対価に係る税額	⑤	
控除税額 貸倒れに係る税額	⑥	
控除税額 控除税額小計（④＋⑤＋⑥）	⑦	
控除不足還付税額（⑦－②－③）	⑧	
差引税額（②＋③－⑦）	⑨	00
中間納付税額	⑩	00
納付税額（⑨－⑩）	⑪	00
中間納付還付税額（⑩－⑨）	⑫	00
この申告書が修正申告である場合 既確定税額	⑬	
この申告書が修正申告である場合 差引納付税額	⑭	00
この課税期間の課税売上高	⑮	
基準期間の課税売上高	⑯	

この申告書による地方消費税の税額の計算		
地方消費税の課税標準となる消費税額 控除不足還付税額	⑰	
地方消費税の課税標準となる消費税額 差引税額	⑱	00
譲渡割額 還付額	⑲	
譲渡割額 納税額	⑳	00
中間納付譲渡割額	㉑	00
納付譲渡割額（⑳－㉑）	㉒	00
中間納付還付譲渡割額（㉑－⑳）	㉓	00
この申告書が修正申告である場合 既確定譲渡割額	㉔	
この申告書が修正申告である場合 差引納付譲渡割額	㉕	00
消費税及び地方消費税の合計（納付又は還付）税額	㉖	

㉖＝（⑪＋㉒）－（⑧＋⑫＋⑲＋㉓）・修正申告の場合㉖＝⑭＋㉕
㉖が還付税額となる場合はマイナス「－」を付してください。

付記事項		
割賦基準の適用	有	無
延払基準等の適用	有	無
工事進行基準の適用	有	無
現金主義会計の適用	有	無
課税標準額に対する消費税額の計算の特例の適用	有	無

参考事項 事業区分	課税売上高（免税売上高を除く）千円	売上割合%
第1種		
第2種		
第3種		
第4種		
第5種		
第6種		
特例計算適用（令57③）	有	無

還付を受けようとする金融機関等：銀行 金庫・組合 農協・漁協　本店・支店 出張所 本所・支所／預金 口座番号／ゆうちょ銀行の貯金記号番号 －／郵便局名等

※税務署整理欄

税理士署名押印　㊞（電話番号　－　－　）

税理士法第30条の書面提出有

税理士法第33条の2の書面提出有

控除税額の計算（簡易課税を選択しているケース②）

消費税額の計算に続いて、控除税額を計算します。

1 控除税額

前節で計算した消費税額から控除する項目には、次の３つがあります。

①控除対象仕入税額

②返還等対価にかかる税額

③貸倒れにかかる税額

簡易課税を選択している場合には、①控除対象仕入税額の計算方法が一般課税の場合と異なります。控除対象仕入税額を、みなし仕入率を用いて計算します。

2 控除対象仕入税額を計算する（1種類の事業を営むケース）

控除対象仕入税額の計算は、「付表5-1」の書式で行います。

最初に、課税標準額に対する消費税額を、確定申告書の②から転記します。特別な事情がない場合は、「付表5-1」の②と③の金額は発生しませんので、①の金額をそのまま④に記載することになります。

④の金額が、控除対象仕入税額の計算の基礎となる消費税額です。簡易課税制度の場合は、この金額にみなし仕入率を乗じて、控除対象仕入税額を計算します。1種類の事業を営む場合であれば、該当する業種区分からみなし仕入率を求め、④に乗じます。

計算例：84ページの計算例で、卸売業のみを営む場合

控除対象仕入税額 ＝ 7,800,000円 × 90% ＝ 7,020,000円

（➡ 104ページに続きます）

52 「付表5-1」記載例

第4-(4)号様式

付表5－1　控除対象仕入税額等の計算表　　簡易

課税期間	＊·4·1～＊·3·31	氏名又は名称	株式会社黒田商会

Ⅰ　控除対象仕入税額の計算の基礎となる消費税額

項目		旧税率分小計 X	税率6.24%適用分 D	税率7.8%適用分 E	合計 F (X+D+E)
課税標準額に対する消費税額	①	(付表5-2の①X欄の金額) 円	(付表4-1の②D欄の金額) 円	7,800,000	7,800,000
貸倒回収に係る消費税額	②	(付表5-2の②X欄の金額)	(付表4-1の③D欄の金額)	(付表4-1の③E欄の金額)	(付表4-1の③F欄の金額)
売上対価の返還等に係る消費税額	③	(付表5-2の③X欄の金額)	(付表4-1の⑤D欄の金額)		(付表4-1の⑤F欄の金額)
控除対象仕入税額の計算の基礎となる消費税額 (①＋②－③)	④	(付表5-2の④X欄の金額)		7,800,000	7,800,000

申告書から転記

Ⅱ　1種類の事業の専業者の場合の控除対象仕入税額

項目		旧税率分小計 X	税率6.24%適用分 D	税率7.8%適用分 E	合計 F (X+D+E)
④ × みなし仕入率 (90%·80%·70%·60%·50%·40%)	⑤	(付表5-2の⑤X欄の金額) 円	※付表4-1の④D欄へ 円	※付表4-1の④E欄へ 7,020,000 円	※付表4-1の④F欄へ 7,020,000 円

1種類の事業を営む場合は、単純にみなし仕入率を乗じる

Ⅲ　2種類以上の事業を営む事業者の場合の控除対象仕入税額

(1) 事業区分別の課税売上高(税抜き)の明細

項目		旧税率分小計 X			合計 F (X+D+E)	売上割合
事業区分別の合計額	⑥	(付表5-2の⑥X欄の金額) 円			円	
第一種事業(卸売業)	⑦	(付表5-2の⑦X欄の金額)			区分)欄へ	%
第二種事業(小売業等)	⑧	(付表5-2の⑧X欄の金額)				
第三種事業(製造業等)	⑨	(付表5-2の⑨X欄の金額)				
第四種事業(その他)	⑩	(付表5-2の⑩X欄の金額)			※ 〃	
第五種事業(サービス業等)	⑪	(付表5-2の⑪X欄の金額)			※ 〃	
第六種事業(不動産業)	⑫	(付表5-2の⑫X欄の金額)			※ 〃	

(2) (1)の事業区分別の課税売上高に係る消費税額の明細

項目		旧税率分小計 X	税率6.24%適用分 D	税率7.8%適用分 E	合計 F (X+D+E)
事業区分別の合計額	⑬	(付表5-2の⑬X欄の金額) 円	円	円	円
第一種事業(卸売業)	⑭	(付表5-2の⑭X欄の金額)			
第二種事業(小売業等)	⑮	(付表5-2の⑮X欄の金額)			
第三種事業(製造業等)	⑯	(付表5-2の⑯X欄の金額)			
第四種事業(その他)	⑰	(付表5-2の⑰X欄の金額)			
第五種事業(サービス業等)	⑱	(付表5-2の⑱X欄の金額)			
第六種事業(不動産業)	⑲	(付表5-2の⑲X欄の金額)			

注意　1　金額の計算においては、1円未満の端数を切り捨てる。
2　旧税率が適用された取引がある場合は、付表5-2を作成してから当該付表を作成する。
3　課税売上げにつき返品を受け又は値引き·割戻しをした金額(売上対価の返還等の金額)があり、売上(収入)金額から減算しない方法で経理して経費に含めている場合には、⑥から⑫欄には売上対価の返還等の金額(税抜き)を控除した後の金額を記載する。

(1／2)　　(H31.10.1以後終了課税期間用)

2種類以上の事業を含む場合（簡易課税を選択しているケース③）

２種類以上の事業を営む場合には、各事業の課税売上高を求め、加重平均の方法でみなし仕入率を計算します。

1 ２種類以上の事業を営む場合の原則的なみなし仕入率

２種類以上の事業を営む場合のみなし仕入率の計算は少し複雑です。

「付表5-1」を前節のとおり、④まで記入します。④の金額が控除対象仕入税額の計算の基礎となる消費税額です。

２種類以上の事業を営む場合には、各事業の課税売上高（税抜き）を「付表5-1」の⑦～⑫に記入します。そして、各事業の課税売上高にかかる消費税額を求めます（⑭～⑲）。

⑥には⑦から⑫までの合計額を、⑬には⑭から⑲までの合計額を記入します。

最後に、⑳の計算によって控除対象仕入税額を計算します（103ページ）。⑳の計算式は次のとおりです。

控除対象仕入税額 ＝ ④×（⑭× 90% ＋ ⑮×80% ＋ ⑯×70% ＋ ⑰×60% ＋ ⑱×50% ＋ ⑲×40%）÷⑬

上記算式のうち、（⑭×90%＋⑮×80%＋⑯×70%＋⑰×60%＋⑱×50%＋⑲×40%）÷⑬の部分が、２種類以上の事業を営む場合の原則的なみなし仕入率です。

「付表 5-1」記載例（2種類以上の事業を営む場合）〔1/2〕

第4-(4)号様式

付表5－1　控除対象仕入税額等の計算表

簡易

課税期間	*・4・1～*・3・31	氏名又は名称	小松物産株式会社

Ⅰ　控除対象仕入税額の計算の基礎となる消費税額

項目		旧税率分小計 X	税率6.24%適用分 D	税率7.8%適用分 E	合計 F (X+D+E)
課税標準額に対する消費税額	①	(付表5-2の①X欄の金額) 円	(付表4-1の②D欄の金額) 円	(付表4-1の②E欄の金額) 円 7,800,000	(付表4-1の②F欄の金額) 円 7,800,000
貸倒回収に係る消費税額	②	(付表5-2の②X欄の金額)	(付表4-1の③D欄の金額)	(付表4-1の③E欄の金額)	(付表4-1の③F欄の金額)
売上対価の返還等に係る消費税額	③	(付表		(付表4-1の⑤E欄の金額)	(付表4-1の⑤F欄の金額)
控除対象仕入税額の計算の基礎となる消費税額 (①＋②－③)	④	(付表		7,800,000	7,800,000

Ⅱ　1種類の事業の専業者の場合の控除対象仕入税額

項目		X	D	税率7.8%適用分 E	合計 F (X+D+E)
④×みなし仕入率 (90%・80%・70%・60%・50%・40%)	⑤	(付表5-2の⑤X欄の金額) 円	※付表4-1の 欄へ 円	※付表4-1の④E欄へ 円	※付表4-1の④F欄へ 円

Ⅲ　2種類以上の事業を営む事業者の場合の控除対象仕入税額

(1)　事業区分別の課税売上高（税抜き）の明細

項目		旧税率分小計 X	税率6.24%適用分 D	税率7.8%適用分 E	合計 F (X+D+E)	売上割合
事業区分別の合計額	⑥	(付表5-2の⑥X欄の金額) 円	円	円 100.000.000	円 100,000,000	
第一種事業 (卸売業)	⑦	(付表5-2の⑦X欄の金額)		80.000.000	※第一表「事業区分」欄へ 80,000,000	% 80
第二種事業 (小売業等)	⑧	(付表5-2の⑧X欄の金額)			※ 〃	
第三種事業 (製造業等)	⑨	(付表5-2の⑨X欄の金額)			※ 〃	
第四種事業 (その他)	⑩	(付表5-2の⑩X欄の金額)			※ 〃	
第五種事業 (サービス業等)	⑪	(付表5-2の⑪X欄の金額)		20.000.000	※ 〃 20,000,000	20
第六種事業 (不動産業)	⑫	(付表5-2の⑫X欄の金額)			※ 〃	

(2)　(1)の事業区分別の課税売上高に係る消費税額の明細

項目		旧税率分小計 X	税率6.24%適用分 D	税率7.8%適用分 E	合計 F (X+D+E)
事業区分別の合計額	⑬	(付表5-2の⑬X欄の金額) 円	円	円 7,800,000	円 7,800,000
第一種事業 (卸売業)	⑭	(付表5-2の⑭X欄の金額)		6.240.000	6,240,000
第二種事業 (小売業等)	⑮	(付表5-2の⑮X欄の金額)			
第三種事業 (製造業等)	⑯	(付表5-2の⑯X欄の金額)			
第四種事業 (その他)	⑰	(付表5-2の⑰X欄の金額)			
第五種事業 (サービス業等)	⑱	(付表5-2の⑱X欄の金額)		1.560.000	1,560,000
第六種事業 (不動産業)	⑲	(付表5-2の⑲X欄の金額)			

注意　1　金額の計算においては、1円未満の端数を切り捨てる。
2　旧税率が適用された取引がある場合は、付表5-2を作成してから当該付表を作成する。
3　課税売上げにつき返品を受け又は値引き・割戻しをした金額（売上対価の返還等の金額）があり、売上（収入）金額から減算しない方法で経理して経費に含めている場合には、⑥から⑫欄には売上対価の返還等の金額（税抜き）を控除した後の金額を記載する。

(1／2)

(H31.10.1以後終了課税期間用)

計算例：98ページの計算例で、卸売業課税売上高が88,000,000円、サービス業の課税売上高が22,000,000円である場合

控除対象仕入税額＝7,800,000円×（6,240,000円×90%
＋1,560,000円×50%）÷7,800,000円
＝6,396,000円

2　2種類以上の事業を営む場合の特例によるみなし仕入率

簡易課税制度の適用を受ける課税事業者が2種類以上の事業を営む場合には、控除対象仕入税額の計算方法として、原則的な加重平均のロジックによる方法以外に、納税者にとって有利な特例が認められています。詳細は76ページで解説したとおりです。

上記の計算例をこの特例のルールにあてはめますと、第一種事業（卸売業）の課税売上高が全体の課税売上高の75%以上を占めますので、第一種事業（卸売業）のみなし仕入率を全体の課税売上に対して適用することができます。

計算例：98ページの計算例で、卸売業課税売上高が88,000,000円、サービス業の課税売上高が22,000,000円である場合

控除対象仕入税額＝7,800,000円×90%
＝7,020,000円

FIGURE 54 「付表5-1」記載例（2種類以上の事業を営む場合）〔2/2〕

(3) 控除対象仕入税額の計算式区分の明細

イ 原則計算を適用する場合

控除対象仕入税額の計算式区分		旧税率分小計 X	税率6.24%適用分 D	税率7.8%適用分 E	合計F (X+D+E)
④ × みなし仕入率 ((⑭×90%+⑮×80%+⑯×70%+⑰×60%+⑱×50%+⑲×40%)／⑬)	⑳	(付表5-2の⑳X欄の金額) 円	円	6,396,000 円	6,396,000 円

ロ 特例計算を適用する場合

(イ) 1種類の事業で75%以上

控除対象仕入税額の計算式区分		旧税率分小計 X	税率6.24%適用分 D	税率7.8%適用分 E	合計F (X+D+E)
(⑦F／⑥F・⑧F／⑥F・⑨F／⑥F・⑩F／⑥F・⑪F／⑥F・⑫F／⑥F)≧75% ④×みなし仕入率(90%・80%・70%・60%・50%・40%)	㉑	(付表5-2の㉑X欄の金額) 円	円	7,020,000 円	7,020,000 円

(ロ) 2種類の事業で75%以上

控除対象仕入税額の計算式区分			旧税率分小計 X	税率6.24%適用分 D	税率7.8%適用分 E	合計F (X+D+E)
第一種事業及び第二種事業 (⑦F＋⑧F)／⑥F≧75%	④×(⑭×90%+(⑬－⑭)×80%)／⑬	㉒			円	円
第一種事業及び第三種事業 (⑦F＋⑨F)／⑥F≧75%	④×(⑭×90%+(⑬－⑭)×70%)／⑬	㉓				
第一種事業及び第四種事業 (⑦F＋⑩F)／⑥F≧75%	④×(⑭×90%+(⑬－⑭)×60%)／⑬	㉔	(付表5-2の㉔X欄の金額)			
第一種事業及び第五種事業 (⑦F＋⑪F)／⑥F≧75%	④×(⑭×90%+(⑬－⑭)×50%)／⑬	㉕	(付表5-2の㉕X欄の金額)			
第一種事業及び第六種事業 (⑦F＋⑫F)／⑥F≧75%	④×(⑭×90%+(⑬－⑭)×40%)／⑬	㉖	(付表5-2の㉖X欄の金額)			
第二種事業及び第三種事業 (⑧F＋⑨F)／⑥F≧75%	④×(⑮×80%+(⑬－⑮)×70%)／⑬	㉗	(付表5-2の㉗X欄の金額)			
第二種事業及び第四種事業 (⑧F＋⑩F)／⑥F≧75%	④×(⑮×80%+(⑬－⑮)×60%)／⑬	㉘	(付表5-2の㉘X欄の金額)			
第二種事業及び第五種事業 (⑧F＋⑪F)／⑥F≧75%	④×(⑮×80%+(⑬－⑮)×50%)／⑬	㉙	(付表5-2の㉙X欄の金額)			
第二種事業及び第六種事業 (⑧F＋⑫F)／⑥F≧75%	④×(⑮×80%+(⑬－⑮)×40%)／⑬	㉚	(付表5-2の㉚X欄の金額)			
第三種事業及び第四種事業 (⑨F＋⑩F)／⑥F≧75%	④×(⑯×70%+(⑬－⑯)×60%)／⑬	㉛	(付表5-2の㉛X欄の金額)			
第三種事業及び第五種事業 (⑨F＋⑪F)／⑥F≧75%	④×(⑯×70%+(⑬－⑯)×50%)／⑬	㉜	(付表5-2の㉜X欄の金額)			
第三種事業及び第六種事業 (⑨F＋⑫F)／⑥F≧75%	④×(⑯×70%+(⑬－⑯)×40%)／⑬	㉝	(付表5-2の㉝X欄の金額)			
第四種事業及び第五種事業 (⑩F＋⑪F)／⑥F≧75%	④×(⑰×60%+(⑬－⑰)×50%)／⑬	㉞	(付表5-2の㉞X欄の金額)			
第四種事業及び第六種事業 (⑩F＋⑫F)／⑥F≧75%	④×(⑰×60%+(⑬－⑰)×40%)／⑬	㉟	(付表5-2の㉟X欄の金額)			
第五種事業及び第六種事業 (⑪F＋⑫F)／⑥F≧75%	④×(⑱×50%+(⑬－⑱)×40%)／⑬	㊱	(付表5-2の㊱X欄の金額)			

ハ 上記の計算式区分から選択した控除対象仕入税額

項目		旧税率分小計 X	税率6.24%適用分 D	税率7.8%適用分 E	合計F (X+D+E)
選択可能な計算式区分(⑳～㊱)の内から選択した金額	㊲	(付表5-2の㊲X欄の金額) 円	※付表4-1の④D欄へ 円	※付表4-1の④E欄へ 7,020,000 円	※付表4-1の④F欄へ 7,020,000 円

注意 1 金額の計算においては、1円未満の端数を切り捨てる。
2 旧税率が適用された取引がある場合は、付表5-2を作成してから当該付表を作成する。

(2／2)

2種類以上の事業を営む場合は加重平均で計算

条件が合えば特例計算が認められる

有利な計算を選択できる

納付税額を求める（簡易課税を選択しているケース④）

控除対象仕入税額を計算したあと、確定申告書の記載に戻ります。

1 確定申告書に控除税額を記入する

「付表5-1」で控除対象仕入税額を計算したら、確定申告書の控除税額欄への記載に移ります。

まず、「付表5-1」の㊲に記入されている控除対象仕入税額を、確定申告書の④に転記します。続いて、返還等対価にかかる税額（⑤）と貸倒れにかかる税額（⑥）を記入します。

④＋⑤＋⑥で控除税額の合計を求めて⑦に記入します。

2 最後に納付税額を求める

消費税額（②）から控除税額（⑦）を差し引き、税額を計算します。中間納付税額がある場合には、これも差し引きます。

ここまでが、国税である消費税の計算です。

簡易課税を選択している場合にも、地方消費税の計算は、国税である消費税の税額に22/78を乗ずるという簡単なものとなっています。

3 実際には複数税率に対応する

実際には「第二表」や「付表4-1」を利用しますが、説明の簡略化のため省略します。

FIGURE 55 申告書記載例（完成版）

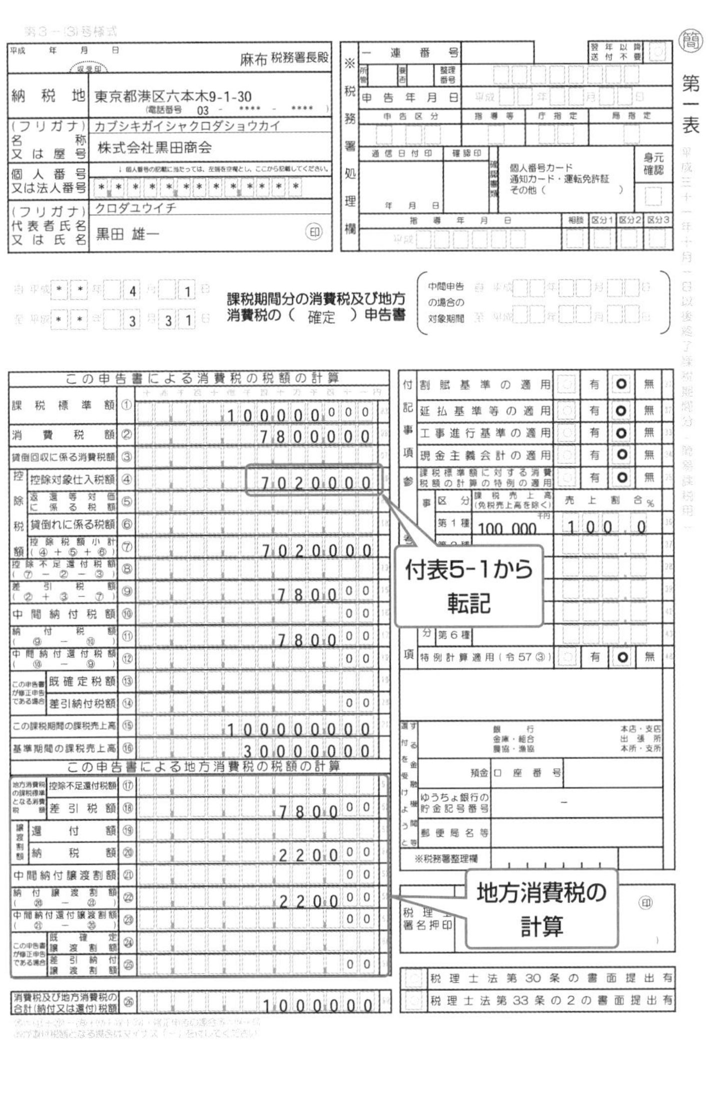

第3-(3)号様式

平成　年　月　日　麻布 税務署長殿

収受印

納税地	東京都港区六本木9-1-30（電話番号 03 - **** - ****）
（フリガナ）	カブシキガイシャクロダショウカイ
名称又は屋号	株式会社黒田商会
個人番号又は法人番号	↓個人番号の記載に当たっては、左端を空欄とし、ここから記載してください。 * * * * * * * * * * * * *
（フリガナ）	クロダユウイチ
代表者氏名又は氏名	黒田 雄一 印

※税務署処理欄：一連番号／翌年以降送付不要／所管／要否／整理番号／申告年月日 平成　年　月　日／申告区分／指導等／庁指定／局指定／通信日付印／確認印／確認書類 個人番号カード 通知カード・運転免許証 その他（　）／身元確認／年　月　日／指導年月日 平成／相談／区分1／区分2／区分3

簡

第一表

平成三十一年十月一日以後終了課税期間分（簡易課税用）

自 平成 * * 年 4 月 1 日
至 平成 * * 年 3 月 31 日

課税期間分の消費税及び地方消費税の（ 確定 ）申告書

中間申告の場合の対象期間　自 平成　年　月　日　至 平成　年　月　日

この申告書による消費税の税額の計算

項目	番号	金額（円）
課税標準額	①	100000000
消費税額	②	7800000
貸倒回収に係る消費税額	③	
控除税額 控除対象仕入税額	④	7020000
控除税額 返還等対価に係る税額	⑤	
控除税額 貸倒れに係る税額	⑥	
控除税額 控除税額小計（④＋⑤＋⑥）	⑦	7020000
控除不足還付税額（⑦－②－③）	⑧	
差引税額（②＋③－⑦）	⑨	780000
中間納付税額	⑩	00
納付税額（⑨－⑩）	⑪	780000
中間納付還付税額（⑩－⑨）	⑫	00
この申告書が修正申告である場合 既確定税額	⑬	
この申告書が修正申告である場合 差引納付税額	⑭	00
この課税期間の課税売上高	⑮	100000000
基準期間の課税売上高	⑯	30000000

この申告書による地方消費税の税額の計算

項目	番号	金額（円）
地方消費税の課税標準となる消費税額 控除不足還付税額	⑰	
地方消費税の課税標準となる消費税額 差引税額	⑱	780000
譲渡割額 還付額	⑲	
譲渡割額 納税額	⑳	220000
中間納付譲渡割額	㉑	00
納付譲渡割額（⑳－㉑）	㉒	220000
中間納付還付譲渡割額（㉑－⑳）	㉓	00
この申告書が修正申告である場合 既確定譲渡割額	㉔	
この申告書が修正申告である場合 差引納付譲渡割額	㉕	00
消費税及び地方消費税の合計（納付又は還付）税額	㉖	1000000

㉖＝（⑪＋㉒）－（⑧＋⑫＋⑲＋㉑＋㉓）・修正申告の場合㉖＝⑭＋㉕
㉖が還付税額となる場合はマイナス「－」を付してください。

付記事項・参考事項

割賦基準の適用	有	○無
延払基準等の適用	有	○無
工事進行基準の適用	有	○無
現金主義会計の適用	有	○無
課税標準額に対する消費税額の計算の特例の適用	有	○無

事業区分	課税売上高（免税売上高を除く）千円	売上割合％
第1種	100,000	100.0
第2種		
第3種		
第4種		
第5種		
第6種		

特例計算適用（令57③）　有　○無

還付を受けようとする金融機関等：銀行・金庫・組合・農協・漁協　本店・支店　出張所　本所・支所／預金 口座番号／ゆうちょ銀行の貯金記号番号 －／郵便局名等

※税務署整理欄

税理士署名押印　印（電話番号　）

税理士法第30条の書面提出有
税理士法第33条の2の書面提出有

確定申告書の提出期限

消費税の確定申告書の提出期限は、原則として決算日から2ヵ月以内とされています。

1 法人の確定申告書の提出期限は決算後2ヵ月

課税事業者は、課税期間ごとに、当該課税期間の末日の翌日から2ヵ月以内に、確定申告書を税務署長に提出しなければなりません。

課税期間とは、原則として1年間の事業年度のことです。

例外的に、課税期間を3ヵ月間または1ヵ月間に短縮することができます。この場合は3ヵ月または1ヵ月に1回、消費税の計算をして、各課税期間の末日の翌日から2ヵ月以内に消費税の確定申告書を提出することが必要となります。

なお、法人税の申告期限の延長の特例を受ける法人については、届出書を提出することで、事業年度末の消費税の確定申告書の申告期限を1ヵ月延長できます。

2 個人事業者の確定申告書の提出期限は翌年3月31日

個人事業者の場合には、課税期間は1月1日から12月31日までの1年間となり、確定申告書の提出期限は翌年の3月31日です。

課税期間を短縮できる点は法人と同様ですが、個人の場合、12月末日を課税期間末とする場合の申告期限だけは、翌年の3月31日となります。

FIGURE 56 いつまでに確定申告書を提出する？

法人	課税期間末日の翌日から2ヵ月以内
個人	翌年3月31日

FIGURE 57 課税期間を短縮することができる

課税期間を3ヵ月または1ヵ月に短縮することができる。

メリット	輸出業者のように、消費税の確定申告によって還付を受ける事業者にとっては、こまめに確定申告することで早期に還付を受けられるため、資金繰りが楽になる!
デメリット	事務処理が非常に大きな負担になる。

毎月申告だと経理担当者の負担が大きい…。

中間申告

前年の確定消費税額に応じて、中間申告の義務が課されます。

1 確定消費税額が48万円を超えると翌年は中間申告が必要

確定申告における確定消費税額が48万円を超えると、翌年は中間申告が必要となります。

中間申告という名称から、1年間の半分となる6ヵ月終了時点での申告をイメージしがちですが、基準となる確定消費税額によって、1ヵ月中間申告、3ヵ月中間申告、6ヵ月中間申告の3種類があります。前年の確定消費税額と中間申告の種類との関係は、次ページの表のとおりです。

2 中間申告で納付する税額の計算方法

中間申告で納付すべき税額は、1ヵ月中間申告の場合、前年の確定消費税額を月割り按分(あんぶん)した1ヵ月ぶんです。3ヵ月中間申告の場合と6ヵ月中間申告の場合も、それぞれ前年の確定消費税額を月割り按分した3ヵ月ぶんと6ヵ月ぶんです。

ただし、これは原則的な方法です。このほかに、仮決算を行い中間申告の対象となる期間に発生した消費税額を実際に計算して申告することも認められています。

ただし、この方法は事務負担が大きいため、一般的ではありません。前年に比べて消費税額が大きく減少している場合などに利用されています。

58 中間申告の種類

前年の確定消費税額	中間申告の種類(回数)
4800万円超	1ヵ月中間申告(年11回)
400万円超4800万円以下	3ヵ月中間申告(年3回)
48万円超400万円以下	6ヵ月中間申告(年1回)
48万円以下	中間申告は不要

※上表の確定消費税額には、地方消費税の金額を含まない。

※1ヵ月中間申告が12回とならず11回となる理由は、確定申告月には中間申告をしないため。3ヵ月中間申告が3回となる理由も同様。

※直前の確定消費税額が48万円以下の事業者についても、平成26年4月以後開始課税期間から、任意で中間申告することが可能となった。

59 中間申告の税額計算

前年の確定消費税額に応じて月数換算

計算が簡単で事務負担が小さいメリット

仮決算により税額を実際に計算

対象期間に預かった消費税が少なければ、
納付額を少なくできるメリット

修正申告と更正

事業者が行った確定申告に誤りがあった場合の取扱いを見てみましょう。

1 申告漏れがわかった場合は修正申告書を提出

事業者が確定申告書を提出したあとに、誤って税額を少なく申告していたことがわかる場合があります。このようなときは、修正申告（修正申告書の提出）をします。

ほかに、納付すべき税額があったにもかかわらず、納付すべき金額を記載しなかった場合や、申告書に記載した還付金が過大であったことがわかった場合にも修正申告をします。

修正申告をした場合には、正しい税額とそれまでに納付した税額との差額を納めることに加えて、延滞税などの附帯税を納める必要があります。

2 消費税を納め過ぎていた場合は更正してもらおう

事業者が確定申告書を提出したあとに、誤って税額を多く申告していたことがわかる場合もあります。このようなときは、修正申告書を提出することはできません。税務署に職権で更正してもらうことになります。そのためには、更正の請求をします。

ただし、更正の請求ができるのは、申告書の提出期限から５年以内に限られます。それを過ぎると、納税者側からの更正の請求はできなくなります。過払いの消費税をどうしても取り返したい場合は、更正を嘆願することになりますが、嘆願したからといって必ず更正を受けられるとは限りません。

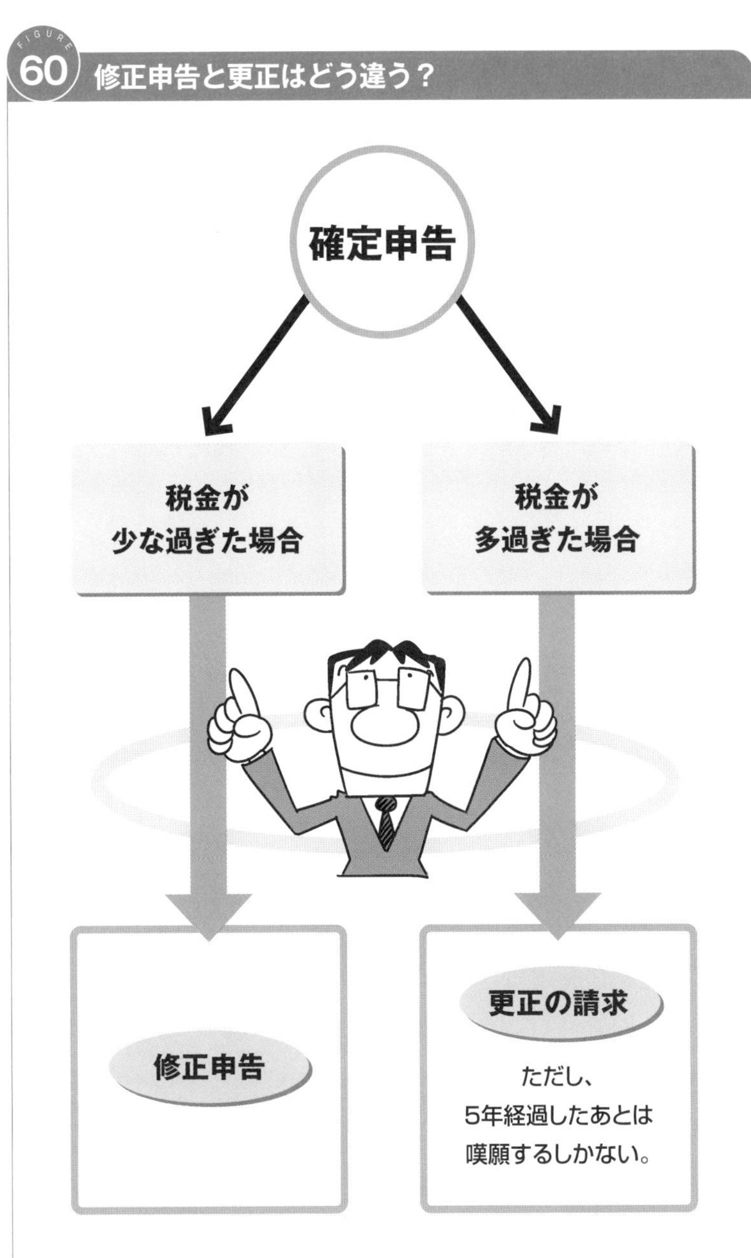
FIGURE
60
修正申告と更正はどう違う？
確定申告
税金が
少な過ぎた場合
税金が
多過ぎた場合
修正申告
更正の請求
ただし、
5年経過したあとは
嘆願するしかない。

ペナルティーとしての附帯税

税務調査で過少申告の指摘を受けた場合には、本来納付すべき税額に加えて、重加算税や過少申告加算税などの附帯税を納めなければなりません。

1 過少申告が発覚した場合の附帯税

❶過少申告加算税

税務署から申告漏れを指摘されて修正申告したり、更正処分を受けた場合に、ペナルティーとして過少申告加算税が課されます（税務署から指摘を受ける前に自発的に修正申告書を提出した場合にはかかりません）。

❷重加算税

事実を隠したり偽装したりして脱税した悪質な場合に、過少申告加算税に代えて課されます。

❸延滞税

納期限までに納税しなかったことから生じる利息相当額として課されます。

2 確定申告書を提出しなかった場合の附帯税

❹無申告加算税

期限内に確定申告書を提出しなかった場合に課されます。

❺重加算税

事実を隠したり偽装したりして脱税した悪質な場合に、無申告加算税に代えて課されます。

❻延滞税（上記❸と同じ）

FIGURE 61 附帯税の計算

過少申告の場合

❶過少申告加算税の額 ＝（追加納付税額 × 10%）＋（追加納付税額 － 期限内申告税額と50万円のいずれか多い金額）× 5%

❷過少申告加算税に代えて課される場合の重加算税の額 ＝ 追加納付税額 × 35%

❸延滞税の額は、法定納期限（通常は決算日から2ヵ月）の翌日から税金を完納する日までの期間の日数に応じて、未納の税額に年8.8%の利率で計算した額とされている。ただし、納期限の翌日から2ヵ月を経過する日までの期間については、その未納の税額に年2.5%の率で計算した額とされている。

無申告の場合

❹無申告加算税の額 ＝ 納付税額 × 15%（または20%）（税務調査を受ける前に自発的に期限後申告した場合の無申告加算税の額 ＝ 納付税額 × 5%）

❺無申告加算税に代えて課される場合の重加算税の額 ＝ 追加納付税額 × 40%

❻延滞税の額は、上記❸と同様に計算する。

電子申告の義務化

令和2（2020）年4月1日以後、所定の要件を満たす一部の法人が提出する消費税および地方消費税の申告については、電子申告が義務化されています。

電子申告が義務付けられた法人は、（1）内国法人のうち、その事業年度開始のときにおいて資本金の額または出資金の額が1億円を超える法人と、（2）相互会社、投資法人および特定目的会社です。

義務化の対象になっていない中小企業でも、電子申告を採用している事業者は増えつつありますが、データ送信したものが正しく税務署に受信されたかどうか実感できないこともあり、いまだに紙媒体で申告書を提出している事業者も少なくありません。

中小零細企業については、もうしばらく紙の税務申告書を提出することが認められそうですね。

▼電子申告（e-Tax）の画面

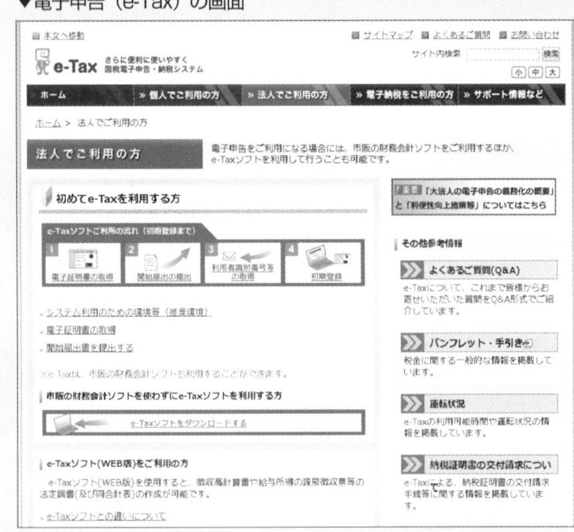

各種の届出書

消費税については、納税義務者になることを選択したり、簡易課税を選択することができるなど、納税者の選択に委ねられている部分が多くあります。

タイミングよく届出書を提出することで、節税できるケースも少なくないので、じっくり検討してみましょう。

消費税課税事業者届出書（基準期間用）

基準期間における課税売上高が1000万円を超えた場合、新たに課税事業者となります。この場合の手続きとして、消費税課税事業者届出書（基準期間用）を提出する必要があります。

1 課税売上高が1000万円を超えたら

設立したばかりの会社や、事業を開始したばかりの個人事業者は、原則として消費税の免税事業者となっています。その後も、課税売上高が1000万円以下で推移すれば、消費税の納税義務は免除されたままです。

事業者の課税売上高が、ある事業年度において1000万円を超えた場合、原則として翌々年は消費税の**課税事業者**になります。

その場合に、「翌々年に課税事業者になる」旨を届け出る書面が、この**消費税課税事業者届出書（基準期間用）**です。

提出すべき事由が生じた場合に、速やかに提出することとされていますので、ある年の決算で課税売上高が1000万円を超えた事業者は、確定申告書を提出するときにこの書面も提出しているケースが多いようです。

2 自ら進んで課税事業者を選択する場合は別の書式で

消費税課税事業者届出書（基準期間用）は、納税義務のない事業者が自ら進んで課税事業者になることを選択する際には使えません。その場合は**消費税課税事業者選択届出書**を提出しなければならないので、混同しないように注意が必要です。

62 消費税課税事業者届出書（基準期間用）の記載例

第３－(1)号様式

基準期間用

消費税課税事業者届出書

収受印

令和 5 年 6 月 25 日	届出者	（フリガナ）	トウキョウトミナトクモトアカサカ
		納税地	（〒106 － 0046） 東京都港区元赤坂三丁目5番1号 （電話番号 03 － **** － ****）
		（フリガナ）	
		住所又は居所 （法人の場合）本店又は主たる事務所の所在地	（〒 － ） 同上 （電話番号 － － ）
		（フリガナ）	カブシキガイシャキタノショウテン
		名称（屋号）	株式会社北野商店
		個人番号又は法人番号	↓個人番号の記載に当たっては、左端を空欄とし、ここから記載してください。 * * * * * * * * * * * * *
		（フリガナ）	キタノサブロウ
		氏名 （法人の場合）代表者氏名	北野 三郎 印
		（フリガナ）	トウキョウトミナトクミナミアオヤマ
麻布 税務署長殿		（法人の場合）代表者住所	東京都港区南青山9-1-5 （電話番号 03 － **** －****）

下記のとおり、基準期間における課税売上高が1,000万円を超えることとなったので、消費税法第57条第１項第１号の規定により届出します。

適用開始課税期間	自 平成・(令和) 6 年 4 月 1 日	至 平成・(令和) 7 年 3 月 31 日		
上記期間の基準期間	自 平成・(令和) 4 年 4 月 1 日	左記期間の総売上高	18,657,832 円	
	至 平成・(令和) 5 年 3 月 31 日	左記期間の課税売上高	17,892,611 円	
事業内容等	生年月日（個人）又は設立年月日（法人）	1明治・2大正・3昭和・(4平成)・5令和 6 年 8 月 4 日	法人のみ記載	事業年度 自 4 月 1 日 至 3 月 31 日 資本金 5,000,000 円
	事業内容	電子機器製造		届出区分 …続・合併・分割等・(その他)
参考事項			税理士署名押印	印 （電話番号 － － ）

※税務署処理欄					
整理番号		部門番号			
届出年月日	年 月 日	入力処理	年 月 日	台帳整理	年 月 日
番号確認		身元確認 □ 済 □ 未済	確認書類 個人番号カード／通知カード・運転免許証 その他（ ）		

注意 1．裏面の記載要領等に留意の上、記載してください。
2．税務署処理欄は、記載しないでください。

消費税課税事業者届出書（特定期間用）

特定期間における課税売上高が1000万円を超えた場合、課税事業者となります。この場合の手続きとして、消費税課税事業者届出書（特定期間用）を提出する必要があります。

1 上半期の課税売上高が1000万円を超えたら

平成25（2013）年1月1日以後に開始する年または事業年度については、基準期間の課税売上高が1000万円以下であっても、特定期間の課税売上高が1000万円を超えた場合、その年または事業年度の納税義務は免除されないこととなりました。

そのため、事業者の課税売上高が、ある特定期間（多くの場合は上半期）において1000万円を超えた場合、原則として翌年は消費税の課税事業者になります。

その場合に、「翌年に課税事業者になる」旨を届け出る書面が、この消費税課税事業者届出書（特定期間用）です。

2 給与等支払額を記載

特定期間の課税売上高が1000万円を超えているか否かを判定するにあたっては、実際の課税売上高に代えて、給与等支払額の合計額により判定することもできます。

そのため、消費税課税事業者届出書（特定期間用）には、特定期間の給与等支払額を記載する欄が設けられています。

FIGURE 63 消費税課税事業者届出書（特定期間用）の記載例

第３－⑵号様式

特定期間用

消費税課税事業者届出書

収受印

令和 6 年 1 月 25 日	届出者	(フリガナ)	トウキョウトミナトクモトアカサカ
		納税地	(〒106 － 0046) 東京都港区元赤坂八丁目15番1号 (電話番号 03 － **** － ****)
		(フリガナ)	
		住所又は居所 (法人の場合) 本店又は主たる事務所の所在地	(〒 －) 同上 (電話番号 － －)
		(フリガナ)	カブシキガイシャミナミノショウテン
		名称（屋号）	株式会社南野商店
		個人番号又は法人番号	↓ 個人番号の記載に当たっては、左端を空欄とし、ここから記載してください。 * * * * * * * * * * * * *
		(フリガナ)	ミナミノゴロウ
		氏名 (法人の場合) 代表者氏名	南野 五郎　印
		(フリガナ)	トウキョウトミナトクミナミアオヤマ
麻布 税務署長殿		(法人の場合) 代表者住所	東京都港区南青山9-3-25 (電話番号 03 － **** － ****)

下記のとおり、特定期間における課税売上高が1,000万円を超えることとなったので、消費税法第57条第1項第1号の規定により届出します。

適用開始課税期間	自 平成・令和 6 年 4 月 1 日	至 平成・令和 7 年 3 月 31 日	
上記期間の特定期間	自 平成・令和 5 年 4 月 1 日 至 平成・令和 5 年 9 月 30 日	左記期間の総売上高	12,487,961 円
		左記期間の課税売上高	12,319,822 円
		左記期間の給与等支払額	11,511,501 円

事業内容等	生年月日（個人）又は設立年月日（法人）	1明治・2大正・3昭和・4平成・5令和 6 年 5 月 9 日	法人のみ記載	事業年度	自 4 月 1 日 至 3 月 31 日
				資本金	円
	事業内容	電子機器製造			

参考事項		税理士署名押印	印 (電話番号 － －)

※税務署処理欄	整理番号		部門番号			
	届出年月日	年 月 日	入力処理	年 月 日	台帳整理	年 月 日
	番号確認		身元確認 □ 済 □ 未済	確認書類 個人番号カード／通知カード・運転免許証 その他（ ）		

注意 1．裏面の記載要領等に留意の上、記載してください。
2．税務署処理欄は、記載しないでください。

CHAPTER 6 各種の届出書

消費税の納税義務者でなくなった旨の届出書

基準期間における課税売上高が1000万円以下となった場合、事業者は納税義務が免除されます。この場合の手続きとして、消費税の納税義務者でなくなった旨の届出書を提出します。

1 課税売上高が1000万円以下となったら

それまで、基準期間の課税売上高が1000万円を超えていたため課税事業者であったところ、ある事業年度において課税売上高が1000万円以下となった場合、原則として翌々年は消費税の納税義務を免除されることとなります。

その場合に、「翌々年に納税義務を免除されることになる」旨を届け出る書面が、この**消費税の納税義務者でなくなった旨の届出書**です。ある年の決算で課税売上高が1000万円以下となった事業者は、確定申告書を提出するときにこの書面も提出しているケースが多いようです。ただし、提出後に①欄の課税期間の特定期間における課税売上高が1000万円を超えた場合は、118ページの届出書を提出します。

2 自ら進んで課税事業者を選択したことをやめる場合は別の書式で

消費税の納税義務者でなくなった旨の届出書は、自ら進んで課税事業者になることを選択したことをやめようとする際には使えません。「消費税課税事業者選択届出書」を提出していた事業者が、その選択をやめる場合には、**消費税課税事業者選択不適用届出書**を提出しなければならないので、混同しないように注意が必要です。

消費税の納税義務者でなくなった旨の届出書の記載例

第5号様式

消費税の納税義務者でなくなった旨の届出書

収受印

令和 6 年 6 月 25 日	届出者	（フリガナ）	トウキョウトミナトクモトアカサカ
		納税地	（〒106 － 0046） 東京都港区元赤坂三丁目5番1号 （電話番号 03 － **** － ****）
		（フリガナ）	カブシキガイシャキタノショウテン　キタノサブロウ
		氏名又は名称及び代表者氏名	株式会社北野商店 代表取締役　北野 三郎 印
麻布 税務署長殿		個人番号又は法人番号	↓ 個人番号の記載に当たっては、左端を空欄とし、ここから記載してください。 * * * * * * * * * * * * *

下記のとおり、納税義務がなくなりましたので、消費税法第57条第1項第2号の規定により届出します。

①	この届出の適用開始課税期間	自 平成・令和（令和に○） 7 年 4 月 1 日　至 平成・令和（令和に○） 8 年 3 月 31 日
②	①の基準期間	自 平成・令和（令和に○） 5 年 4 月 1 日　至 平成・令和（令和に○） 6 年 3 月 31 日
③	②の課税売上高	8,630,000 円

※1 この届出書を提出した場合であっても、特定期間（原則として、①の課税期間の前年の1月1日（法人の場合は前事業年度開始の日）から6か月間）の課税売上高が1千万円を超える場合には、①の課税期間の納税義務は免除されないこととなります。
2 高額特定資産の仕入れ等を行った場合に、消費税法第12条の4第1項の適用がある課税期間については、当該課税期間の基準期間の課税売上高が1千万円以下となった場合であっても、その課税期間の納税義務は免除されないこととなります。
（詳しくは、裏面をご覧ください。）

納税義務者となった日	平成・令和（令和に○） 6 年 4 月
参考事項	
税理士署名押印	印 （電話番号 － － ）

※税務署処理欄	整理番号		部門番号			
	届出年月日	年 月 日	入力処理	年 月 日	台帳整理	年 月 日
	番号確認		身元確認 □ 済 □ 未済	確認書類 個人番号カード／通知カード・運転免許証 その他（ ）		

注意 1．裏面の記載要領等に留意の上、記載してください。
2．税務署処理欄は、記載しないでください。

消費税課税事業者選択届出書

基準期間における課税売上高が1000万円以下の場合、原則として免税事業者となりますが、事業者が進んで課税事業者になろうとする場合は、この消費税課税事業者選択届出書を提出します。

1 還付を受けるためには課税事業者でなければならない

設立したばかりの会社や、事業を開始したばかりの個人事業者は、原則として消費税の免税事業者となっています。その後も、課税売上高が1000万円以下で推移すれば、消費税の納税義務は免除されたままです。

納税義務が免除されるというのは、通常ならばありがたいことです。ところが、ある課税期間に巨額の設備投資をするなどの理由によって、課税売上高を課税仕入高が上回ることがあります。このような場合に納税義務者であれば、申告書を提出することで消費税等の還付を受けられます。しかし免税事業者の場合は、申告書を提出して還付を受けることができません。

そこで、ある課税期間において、消費税等の還付が予想される場合には、免税事業者であっても、あらかじめ課税事業者になることを選択しておきます。そのために届け出る書面が、この**消費税課税事業者選択届出書**です。

注意すべき点は、その提出時期です。提出した日の属する課税期間の翌課税期間から、この届出書の効力が生じます。

そのため、還付を受けようとする課税期間が始まるまでに提出しなければなりません。

消費税課税事業者選択届出書の記載例

第1号様式

消費税課税事業者選択届出書

収受印 令和 7 年 6 月 25 日 麻布 税務署長殿	届出者	(フリガナ)	トウキョウトミナトクモトアカサカ
		納税地	(〒 106 − 0046) 東京都港区元赤坂三丁目5番1号 (電話番号 03 − **** − ****)
		(フリガナ)	
		住所又は居所 (法人の場合) 本店又は主たる事務所の所在地	(〒 −) 同上 (電話番号 − −)
		(フリガナ)	カブシキガイシャキタノショウテン
		名称(屋号)	株式会社北野商店
		個人番号 又は 法人番号	↓ 個人番号の記載に当たっては、左端を空欄とし、ここから記載してください。 * * * * * * * * * * * * *
		(フリガナ)	キタノサブロウ
		氏名 (法人の場合) 代表者氏名	北野 三郎 印
		(フリガナ)	トウキョウトミナトクミナミアオヤマ
		(法人の場合) 代表者住所	東京都港区南青山9-1-5 (電話番号 03 − **** − ****)

下記のとおり、納税義務の免除の規定の適用を受けないことについて、消費税法第9条第4項の規定により届出します。

適用開始課税期間	自 平成・(令和) 8 年 4 月 1 日	至 平成・(令和) 9 年 3 月 31 日	
上記期間の 基準期間	自 平成・(令和) 6 年 4 月 1 日 至 平成・(令和) 7 年 3 月 31 日	左記期間の総売上高	8,629,573 円
		左記期間の課税売上高	8,598,265 円

事業内容等	生年月日(個人)又は設立年月日(法人)	1明治・2大正・3昭和・(4平成)・5令和 6 年 8 月 4 日	法人のみ記載	事業年度	自 4 月 1 日 至 3 月 31 日
				資本	5,000,000 円
	事業内容	電子機器製造業			…併・分割・特別会計・(その他)
参考事項					印 − −)

※税務署処理欄	整理番号		部門番号			
	届出年月日	年 月 日	入力処理	年 月 日	台帳整理	年 月 日
	通信日付印 年 月 日	確認印	番号確認		身元確認 □ 済 □ 未済	確認書類 個人番号カード/通知カード・運転免許証 その他( )

注意 1. 裏面の記載要領等に留意の上、記載してください。
2. 税務署処理欄は、記載しないでください。

消費税課税事業者選択不適用届出書

消費税課税事業者選択届出書を提出している事業者が、その選択をやめようとする場合に提出します。

1 課税事業者を選択する必要がなくなった場合

基準期間の課税売上高が1000万円以下であっても、還付を受けることなどを目的として、課税事業者を選択することができます。その場合に提出する「消費税課税事業者選択届出書」については前節で解説しました。

ところで、還付を受けるなどして、課税事業者を選択する目的を達成した場合には、免税事業者に戻った方が有利なケースが多いでしょう。

その場合に、課税事業者の選択をやめるために提出する届出書が、この消費税課税事業者選択不適用届出書です。

2 提出時期

この場合も、提出時期には注意が必要です。

提出した日の属する課税期間の翌課税期間からこの届出書の効力が生じます。ですから、**選択をやめようとする課税期間が始まるまでに提出しなければなりません。**

なお、課税事業者を選択した場合には、事業を廃止した場合を除き、最低2年間継続したあとでなければ課税事業者をやめることはできない、と定められています。

66 消費税課税事業者選択不適用届出書の記載例

第2号様式

消費税課税事業者選択不適用届出書

収受印

令和 9 年 6 月 25 日	届出者	(フリガナ)	トウキョウトミナトクモトアカサカ
		納税地	(〒 106 − 0046) 東京都港区元赤坂三丁目5番1号 (電話番号 03 − ＊＊＊＊ − ＊＊＊＊)
		(フリガナ)	カブシキガイシャキタノショウテン　キタノサブロウ
		氏名又は名称及び代表者氏名	株式会社北野商店 代表取締役　北野 三郎　印
麻布 税務署長殿		個人番号又は法人番号	↓ 個人番号の記載に当たっては、左端を空欄とし、ここから記載してください。 ＊＊＊＊＊＊＊＊＊＊＊＊＊

下記のとおり、課税事業者を選択することをやめたいので、消費税法第９条第５項の規定により届出します。

①	この届出の適用開始課税期間	自 平成 令和 10 年 4 月 1 日　至 平成 令和 11 年 3 月 31 日
②	①の基準期間	自 平成 令和 8 年 4 月 1 日　至 平成 令和 9 年 3 月 31 日
③	②の課税売上高	6,525,000 円

※ この届出書を提出した場合であっても、特定期間（原則として、①の課税期間の前年の１月１日（法人の場合は前事業年度開始の日）から６か月間）の課税売上高が１千万円を超える場合には、①の課税期間の納税義務は免除されないこととなります。詳しくは、裏面をご覧ください。

課税事業者となった日	平成 令和 8 年 4 月 1 日
事業を廃止した場合の廃止した日	平成 令和 年 月 日
提出要件の確認	課税事業者となった日から２年を経過する日までの間に開始した各課税期間中に調整対象固定資産の課税仕入れ等を行っていない。 はい ✔ ※ この届出書を提出した課税期間が、課税事業者となった日から２年を経過する日までに開始した各課税期間である場合、この届出書提出後、届出を行った課税期間中に調整対象固定資産の課税仕入れ等を行うと、原則としてこの届出書の提出はなかったものとみなされます。詳しくは、裏面をご確認ください。
参考事項	
税理士署名押印	印 (電話番号 − −)

※税務署処理欄						
整理番号		部門番号				
届出年月日	年 月 日	入力処理	年 月 日	台帳整理	年 月 日	
通信日付印 年 月 日	確認印	番号確認		身元確認 □ 済 □ 未済	確認書類	個人番号カード／通知カード・運転免許証 その他（ ）

注意 1．裏面の記載要領等に留意の上、記載してください。
2．税務署処理欄は、記載しないでください。

CHAPTER 6

6 消費税課税期間特例選択・変更届出書

課税期間の特例の適用を受けようとする場合に提出します。

1 還付を受けるのであれば課税期間は短い方がいい

輸出業者など、免税売上高の多い事業者は、毎期継続して消費税の還付を受けることがあります。そのような事業者にとっては、できるだけ早期に還付を受けられれば、資金繰りが安定します。

そこで、課税期間を「1ヵ月ごと」または「3ヵ月ごと」にすることができるとされています。

課税期間の特例の適用を受けようとする場合には、この**消費税課税期間特例選択・変更届出書**を提出します。

また、「1ヵ月ごととした課税期間を3ヵ月ごとに変更する場合」および「3ヵ月ごととした課税期間を1ヵ月ごとに変更する場合」も、消費税課税期間特例選択・変更届出書を提出します。

2 提出時期

消費税課税期間特例選択・変更届出書は、特例を受けようとする、または変更しようとする課税期間の初日の前日までに提出しなければなりません。

なお、1ヵ月ごとの課税期間を選択した場合で、3ヵ月ごとの課税期間に変更する場合、あるいはその逆の変更の場合には、同届出書の効力が発生してから一定期間は同届出書を提出できません。

消費税課税期間特例選択・変更届出書の記載例

第13号様式

消費税課税期間特例 選択（○）／変更 届出書

収受印

令和 7 年 3 月 25 日	届出者	（フリガナ）	トウキョウトミナトクモトアカサカ
		納税地	（〒106 － 0046） 東京都港区元赤坂八丁目15番1号 （電話番号 03 － **** － **** ）
		（フリガナ）	カブシキガイシャミナミノショウテン ミナミノゴロウ
		氏名又は名称及び代表者氏名	株式会社南野商店 代表取締役　南野　五郎　　印
麻布 税務署長殿		法人番号	※ 個人の方は個人番号の記載は不要です。 ＊＊＊＊＊＊＊＊＊＊＊＊＊

下記のとおり、消費税法第19条第１項第３号、第３号の２、第４号又は第４号の２に規定する課税期間に短縮又は変更したいので、届出します。

事業年度	自 4 月 1 日	至 3 月 31 日
適用開始日又は変更日	平成・令和（○） 7 年 4 月 1 日	

適用又は変更後の課税期間	三月ごとの期間に短縮する場合	一月ごとの期間に短縮する場合
	4 月 1 日 から 6 月 30 日 まで	月 日 から 月 日 まで
		月 日 から 月 日 まで
		月 日 から 月 日 まで
	7 月 1 日 から 9 月 30 日 まで	月 日 から 月 日 まで
		月 日 から 月 日 まで
		月 日 から 月 日 まで
	10 月 1 日 から 12 月 31 日 まで	月 日 から 月 日 まで
		月 日 から 月 日 まで
		月 日 から 月 日 まで
	1 月 1 日 から 3 月 31 日 まで	月 日 から 月 日 まで
		月 日 から 月 日 まで
		月 日 から 月 日 まで

変更前の課税期間特例選択・変更届出書の提出日	平成・令和 年 月 日
変更前の課税期間特例の適用開始日	平成・令和
参考事項	
税理士署名押印	）

※税務署処理欄						
整理番号		部門番号		番号確認		
届出年月日	年 月 日	入力処理	年 月 日	台帳整理	年 月 日	
通信日付印	年 月 日	確認印				

注意　1．裏面の記載要領等に留意の上、記載してください。
　　　2．税務署処理欄は、記載しないでください。

消費税課税期間特例選択不適用届出書

課税期間の特例の適用を受けている事業者が、その適用をやめようとする場合に提出します。

1 課税期間の特例を受ける必要がなくなった場合

消費税などの還付を毎月（あるいは３ヵ月に一度）受けられるといったメリットがなくなったあとも、課税期間の特例を受けていると、消費税の確定申告書を頻繁に提出するといった煩雑な事務を続けなければなりません。

そこで、課税期間を短縮するメリットがなくなった場合には、課税期間の特例の適用をやめることが一般的です。

その場合に提出する届出書が、この消費税課税期間特例選択不適用届出書です。

2 提出時期

消費税課税期間特例選択不適用届出書の効力は、提出した日の属する課税期間の翌課税期間から生じます。ですから、選択をやめようとする課税期間が始まるまでに提出しなければなりません。

なお、課税期間の特例を選択した場合には、事業を廃止した場合を除き、２年間はこの特例をやめることはできないと定められています。

FIGURE 68 消費税課税期間特例選択不適用届出書の記載例

第14号様式

消費税課税期間特例選択不適用届出書

収受印

令和 10 年 3 月 25 日	届出者	(フリガナ)	トウキョウトミナトクモトアカサカ
		納税地	(〒106 − 0046) 東京都港区元赤坂八丁目15番1号 (電話番号 03 − **** − ****)
		(フリガナ)	カブシキガイシャミナミノショウテン ミナミノゴロウ
		氏名又は名称及び代表者氏名	株式会社南野商店 代表取締役 南野 五郎 印
麻布 税務署長殿		法人番号	※ 個人の方は個人番号の記載は不要です。 ＊＊＊＊＊＊＊＊＊＊＊＊＊

下記のとおり、課税期間の短縮の適用をやめたいので、消費税法第19条第３項の規定により届出します。

事業年度	自 4 月 1 日 至 3 月 31 日	
特例選択不適用の開始日	平成・(令和) 10 年 4 月 1 日	
短縮の適用を受けていた課税期間	三月ごとの期間に短縮していた場合	一月ごとの期間に短縮していた場合
	4 月 1 日から 6 月 30日まで	月 日から 月 日まで (×3)
	7 月 1 日から 9 月 30日まで	月 日から 月 日まで (×3)
	10 月 1 日から 12 月 31日まで	月 日から 月 日まで (×3)
	1 月 1 日から 3 月 31日まで	月 日から 月 日まで (×3)
選択・変更届出書の提出日	平成・(令和) 7 年 3 月 25 日	
課税期間短縮・変更の適用開始日	平成・(令和) 7 年 4 月 1 日	
事業を廃止した場合の廃止した日	平成・令和 年 月 日	
	個人番号 ※ 事業を廃止した場合には記載してください。	
参考事項		
税理士署名押印	印 (電話番号 − −)	

課税期間の短縮の適用をやめたあとは、事業年度が課税期間となる

※税務署処理欄	整理番号		部門番号			
	届出年月日	年 月 日	入力処理	年 月 日	台帳整理	年 月 日
	通信日付印 年 月 日	確認印	番号確認	身元確認 □ 済 □ 未済	確認書類	個人番号カード／通知カード・運転免許証 その他 ( )

注意 1．裏面の記載要領等に留意の上、記載してください。
2．税務署処理欄は、記載しないでください。

消費税簡易課税制度選択届出書

簡易課税制度の適用を受けようとする場合に提出します。

1 簡易課税制度の適用を受けるための条件

簡易課税制度の適用を受ければ、事務処理の簡素化が図れる上に、税負担が一般課税よりも軽い場合が少なくありません。そこで、簡易課税制度は有利な制度と考えられています。

ただし、簡易課税制度の適用を受けるためには、基準期間の課税売上高が5000万円以下でなければならないという条件があります。

さらに、簡易課税制度を選択した場合には、事業を廃止した場合を除き、2～4年間継続したあとでなければ、簡易課税制度の選択をやめることはできません。

ですから、「1期だけ簡易課税制度の適用を受け、その次の課税期間は巨額の設備投資で還付が見込まれるため一般課税を選択したい」というケースなどでは、この**消費税簡易課税制度選択届出書**を提出する際に、精緻なシミュレーションを実施し、有利不利を検討しておくことが望まれます。

2 提出時期

消費税簡易課税制度選択届出書の効力は、提出した日の属する課税期間の翌課税期間から生じます。ですから、適用を受けようとする課税期間が始まるまでに提出しなければなりません。

消費税簡易課税制度選択届出書の記載例

第１号様式

消費税簡易課税制度選択届出書

※ この届出書を所得税法等の一部を改正する法律（平成二十八年法律第十五号）附則第四十条第一項の規定により提出しようとする場合には、令和元年七月一日以後提出することができます。

収受印			
令和５年６月25日	届出者	（フリガナ）	トウキョウトミナトクモトアカサカ
		納税地	（〒106 － 0046） 東京都港区元赤坂三丁目35番1号 （電話番号　03 － ＊＊＊＊ － ＊＊＊＊）
		（フリガナ）	カブシキガイシャヤマダデンシキキ　ヤマダイチロウ
		氏名又は名称及び代表者氏名	株式会社山田電子機器 代表取締役　山田　一郎　　印
麻布 税務署長殿		法人番号	※個人の方は個人番号の記載は不要です。 ＊＊＊＊＊＊＊＊＊＊＊＊＊

下記のとおり、消費税法第37条第１項に規定する簡易課税制度の適用を受けたいので、届出します。

（□ 所得税法等の一部を改正する法律（平成28年法律第15号）附則第40条第１項の規定により消費税法第37条第１項に規定する簡易課税制度の適用を受けたいので、届出します。）

① 適用開始課税期間	自 平成/令和 ６年４月１日	至 平成/令和 ７年３月31日	
② ①の基準期間	自 平成/令和 ４年４月１日	至 平成/令和 ５年３月31日	
③ ②の課税売上高			22,620,000円
事業内容等	（事業の内容）電子機器製造業		（事業区分）第三種事業

提出要件の確認				
次のイ、ロ又はハの場合に該当する（「はい」の場合のみ、イ、ロ又はハの項目を記載してください。）			はい □	いいえ ✓
イ	消費税法第９条第４項の規定により課税事業者を選択している場合	課税事業者となった日	平成/令和　年　月　日	
		課税事業者となった日から２年を経過する日までの間に開始した各課税期間中に調整対象固定資産の課税仕入れ等を行っていない	はい □	
ロ	消費税法第12条の２第１項に規定する「新設法人」又は同法第12条の３第１項に規定する「特定新規設立法人」に該当する（該当していた）場合	設立年月日	平成/令和　年　月　日	
		基準期間がない事業年度に含まれる各課税期間中に調整対象固定資産の課税仕入れ等を行っていない	はい □	
ハ	消費税法第12条の４第１項に規定する「高額特定資産の仕入れ等」を行っている場合（仕入れ等を行った資産が高額特定資産に該当する場合はAの欄を、自己建設高額特定資産に該当する場合は、Bの欄をそれぞれ記載してください。）	A 仕入れ等を行った課税期間の初日	平成/令和　年　月　日	
		A この届出による①の「適用開始課税期間」は、高額特定資産の仕入れ等を行った課税期間の初日から、同日以後３年を経過する日の属する課税期間までの各課税期間に該当しない	はい □	
		B 仕入れ等を行った課税期間の初日	平成/令和　年　月　日	
		B 建設等が完了した課税期間の初日	平成/令和　年　月　日	
		B この届出による①の「適用開始課税期間」は、自己建設高額特定資産の建設等に要した仕入れ等に係る支払対価の額の累計額が１千万円以上となった課税期間の初日から、自己建設高額特定資産の建設等が完了した課税期間の初日以後３年を経過する日の属する課税期間までの各課税期間に該当しない	はい □	

※ この届出書を提出した課税期間が、上記イ、ロ又はハに記載の各課税期間である場合、この届出書提出後、届出を行った課税期間中に調整対象固定資産の課税仕入れ等又は高額特定資産の仕入れ等を行うと、原則としてこの届出書の提出はなかったものとみなされます。詳しくは、裏面をご確認ください。

所得税法等の一部を改正する法律（平成28年法律第15号）（平成28年改正法）附則第40条第１項の規定による場合			
次のニ又はホのうち、いずれか該当する項目を記載してください。			
ニ	平成28年改正法附則第40条第１項に規定する「困難な事情のある事業者」に該当する（ただし、上記イ又はロに記載の各課税期間中に調整対象固定資産の課税仕入れ等を行っている場合又はこの届出書を提出した日を含む課税期間がハに記載の各課税期間に該当する場合には、次の「ホ」により判定する。）	はい □
ホ	平成28年改正法附則第40条第２項に規定する「著しく困難な事情があるとき」に該当する（該当する場合は、以下に「著しく困難な事情」を記載してください。）（　）	はい □

参考事項	
税理士署名押印	印　（電話番号　－　－　）

※税務署処理欄					
整理番号		部門番号			
届出年月日	年　月　日	入力処理	年　月　日	台帳整理	年　月　日
通信日付印 年　月　日	確認印	番号確認			

注意　１．裏面の記載要領等に留意の上、記載してください。
　　　２．税務署処理欄は、記載しないでください。

CHAPTER 6 各種の届出書

消費税簡易課税制度選択不適用届出書

簡易課税制度の適用を受けている事業者が、その適用をやめようとする場合に提出します。

1 簡易課税制度の適用を受けない方が有利な場合とは

簡易課税制度は、事務処理が簡便であるだけでなく、みなし仕入率による税額計算が一般課税におけるそれよりも有利なケースが多いため、中小企業では好んで選択されています。

ただし、巨額の設備投資をする課税期間においては、課税売上高にかかる消費税額よりも、課税仕入高にかかる消費税額が大きいことがあります。このような場合に還付を受けようとすると、一般課税によって申告する必要があります。そのため、簡易課税制度を選択していては還付を受けることはできません。

また、利幅が薄い事業者の場合は、みなし仕入率による計算が、一般課税による計算よりも不利なケースがあります。

簡易課税制度の適用を受けている事業者が、上記のような理由で簡易課税制度の適用をやめようとする場合には、この消費税簡易課税制度選択不適用届出書を提出します。

2 提出時期

消費税簡易課税制度選択不適用届出書の効力は、提出した日の属する課税期間の翌課税期間から生じます。ですから、選択をやめようとする課税期間が始まるまでに提出しなければなりません。

なお、簡易課税制度を選択した場合には、事業を廃止した場合を除き、最低２年間継続したあとでなければ適用をやめられません。

消費税簡易課税制度選択不適用届出書の記載例

第25号様式

消費税簡易課税制度選択不適用届出書

収受印

令和 8 年 6 月 25 日	届出者	(フリガナ)	トウキョウトミナトクモトアカサカ
		納税地	(〒106 − 0046) 東京都港区元赤坂三丁目35番1号 (電話番号 03 − ****−****)
		(フリガナ)	カブシキガイシャヤマダデンシキキ　ヤマダイチロウ
		氏名又は名称及び代表者氏名	株式会社山田電子機器 代表取締役　山田 一郎　印
麻布 税務署長殿		法人番号	※ 個人の方は個人番号の記載は不要です。 * * * * * * * * * * * * *

下記のとおり、簡易課税制度をやめたいので、消費税法第37条第５項の規定により届出します。

①	この届出の適用開始課税期間	自 平成/(令和) 9 年 4 月 1 日　至 平成/(令和) 10 年 3 月 31 日
②	①の基準期間	自 平成/(令和) 7 年 4 月 1 日　至 平成/(令和) 8 年 3 月 31 日
③	②の課税売上高	31,000,000 円
簡易課税制度の適用開始日		平成/(令和) 6 年 4 月 1 日
事業を廃止した場合の廃止した日		平成/令和 年 月 日 個人番号 ※ 事業を廃止した場合には記載してください。
参考事項		
税理士署名押印		印 (電話番号 − −)

※税務署処理欄	整理番号		部門番号			
	届出年月日	年 月 日	入力処理	年 月 日	台帳整理	年 月 日
	通信日付印 年 月 日	確認印	番号確認	身元確認 □ 済 □ 未済	確認書類	個人番号カード／通知カード・運転免許証 その他（ ）

注意 1．裏面の記載要領等に留意の上、記載してください。
2．税務署処理欄は、記載しないでください。

CHAPTER 6 各種の届出書

Column

消費税と印紙税

領収証や契約書に収入印紙が貼り付けられているのを目にします。これは、領収証など一定の文書には、印紙税という税金がかかり、収入印紙を貼り付けることが義務付けられているためです。

文書に記載されている金額が大きくなるに従って、貼り付ける収入印紙の金額も大きくなることが法律で定められています。

例えば、5万円以上100万円以下の領収証には200円の収入印紙、100万円超200万円以下の領収証には400円の収入印紙といったぐあいです。

ところで、領収証に記載されている金額の判定は、税抜金額で行うのでしょうか？　それとも税込金額でしょうか？

これについては通達で明らかにされており、消費税額等が区分記載されているなど明らかな場合には、税抜金額で判定することとされています。

ですので、本体価格98万円、総額107万8000円の領収証を発行するケースでは、消費税額を明示すれば200円の収入印紙を貼ることで足り、そうでない場合には400円の収入印紙を貼らなくてはならないことになります。

覚えておくと少しトクすることがありそうですね。

消費税の会計処理

会社の帳簿をつける上で、消費税の扱いは少し面倒です。

税抜方式と税込方式の２つの方法があることを覚えておきましょう。

会社の大半は消費税を含めていない

会社の帳簿に計上する売上高には、顧客から預った消費税相当額を含めるのでしょうか？　また、会社が購入した固定資産の帳簿価額には、支払った消費税相当額を含めるのでしょうか？

1 消費税の経理処理をどう考える？

会社は顧客から消費税相当額を含めた代金を受け取ります。とはいえ、会社が顧客から預かる消費税相当額は、そのまま国に納税するという性質に着目すれば、一種の仮受金であると考えられます。同様に、会社が仕入れ先に支払う消費税は、会社の消費税申告において納税額から控除されるので、一種の仮払金であると考えられます。

会社の帳簿をつける際に、このような性質のある消費税をどのように扱えばよいのでしょうか？

2 2つの方法から選択できる

消費税相当額が一種の仮受金・仮払金であるという性質に着目した場合、売上高や仕入高は消費税相当額を含めない金額であるべきだと考えられます。

一方で、会社がその帳簿に計上する売上高や仕入高の数字には、消費税相当額を含む実際の取引金額を用いた方が、一般的にはなじみやすいでしょう。

会計基準は、いずれの考え方も認めています。会社は、消費税の経理処理方法を選択することができますが、**大半の会社では、消費税相当額を含めない金額で経理処理をする方法が採用されています。**

FIGURE 71 税抜方式と税込方式

税込み1100円
本体価格1000円(消費税100円)

販売時に計上する売上高は?

消費税の100円は一時的に預かるだけ

↓

売上は **1000円**

お客さんから受け取る金額すべてが売上

↓

売上は **1100円**

どちらの方式も認められるんだ。

消費税を含めない税抜方式

消費税相当額を一種の仮受金・仮払金と考えた場合、会社の帳簿に計上する取引金額には消費税を含めない方が実態を表すこととなります。消費税を取引金額に含めない経理処理方法を見てみましょう。

1 損益計算に消費税を反映させないためには

顧客から受け取る代金の中に消費税相当額が含まれている場合、消費税の納税義務者である会社はこれを国に納税します。

消費税相当額は会社を通過し、会社の手元に利益として残ることはありません。この性質に着目した場合、消費税が会社の売上高や損益計算に影響を及ぼさないような経理処理方式を採用することが望ましいといえます。

2 具体的な経理処理

消費税相当額を納税義務者である会社の損益計算に反映させないためには、会社の売上高は、消費税を除いた本体価格のみで計上することとなります。受け取る代金に含まれる消費税相当額は、**仮受消費税**という科目で経理処理することになります。

同様に、会社の仕入高も、消費税を除いた本体価格のみで計上することとなります。支払う代金に含まれる消費税相当額は、**仮払消費税**という科目で経理処理することになります。

この経理処理方法を、**税抜方式**といいます。

会社はその決算において、仮受消費税と仮払消費税の差額を納税することとなります。

仕訳例

商品を330,000円（消費税含む）で販売した。

借方		貸方	
（借）現金	330,000円	（貸）売上	300,000円
		（貸）仮受消費税	30,000円

商品を220,000円（消費税含む）で仕入れた。

借方		貸方	
（借）仕入れ	200,000円	（貸）現金	220,000円
（借）仮払消費税	20,000円		

決算時

借方		貸方	
（借）仮受消費税	30,000円	（貸）仮払消費税	20,000円
		（貸）未払消費税	10,000円

納付時

借方		貸方	
（借）未払消費税	10,000円	（貸）現金	10,000円

消費税の金額を
仮受消費税・仮払消費税
として処理するのが
税抜方式。

非課税取引が多い場合、合理的な税込方式

非課税取引が多かったり、簡易課税の適用を受けている場合には、会社の帳簿に計上する取引金額に消費税を含めることも合理的であると考えられています。

1 損益計算に消費税が反映される処理方法

会社の損益計算を、実際に取引先から受け取る代金総額、支払う代金総額で行う方法があります。

この場合、消費税は会社の売上高や損益計算に影響を及ぼします。そして、消費税の額だけ売上高や仕入高は多く計上されることとなります。

もし、消費税の税率が上がれば、会社の決算書に計上される売上高や仕入高も増加します。

2 具体的な経理処理

消費税相当額を納税義務者である会社の損益計算に反映させるのであれば、会社の売上高は、消費税を含めた総額で計上することとなります。同様に、会社の仕入高も、消費税を含めた総額で計上することとなります。

仮受消費税や仮払消費税といった科目は用いられません。

この経理処理方法を、**税込方式**といいます。

税込方式を採用している場合、会社はその決算において、納付税額を租税公課勘定に計上することとなります。

仕訳例

商品を330,000円（消費税含む）で販売した。

(借) 現金	330,000円	(貸) 売上	330,000円

商品を220,000円（消費税含む）で仕入れた。

(借) 仕入れ	220,000円	(貸) 現金	220,000円

決算時

(借) 租税公課	10,000円	(貸) 未払消費税	10,000円

納付時

(借) 未払消費税	10,000円	(貸) 現金	10,000円

仮受消費税・
仮払消費税の科目
は使わない。

消費税は経理事務も大きな負担！

令和元（2019）年10月1日から税率が10%に上がり、同時に食料品などへの軽減税率も導入されました。

そのため消費税等の税率は、標準的な税率10%（国税7.8%、地方税2.2%）と軽減税率の8%（国税6.24%、地方税1.76%）が併存する形となっています。

こうなると、会社の経理事務では、取引の1つずつについて税率を判断しなければならず、負担が重くなりました。

令和5（2023）年10月1日には、インボイス方式（適格請求書等保存方式）の導入も予定されています。

多くの会社では、消費税の経理処理のための煩雑な事務を経理部などが担当しています。その手間を人件費に換算した場合、何百万円、何千万円、何億円といった規模になります。

もう少し簡素な仕組みの税金になればなぁ、といつも感じています。

もう少し詳しく学んでみたいトピック

本書は、消費税を初めて学ぶ方々に向けて、消費税法の全体構造を短時間でザックリ理解していただくことを目指しているため、少し物足りないと感じる読者もおられるかもしれません。

ここでは、もう少し詳しく学んでみたい方に向けて、実務上の課題になっている論点を紹介します。

適格請求書等保存方式（いわゆる「インボイス制度」）

令和５（2023）年 10 月１日から適格請求書等保存方式が導入されるのに伴い、ほとんどの事業者では、適格請求書発行事業者としての登録手続きのほか、適格請求書の発行に備えてその書式を準備することが必要となります。

いま、最も関心の高い消費税のテーマです。

適格請求書等保存方式については、国税庁が「**消費税の仕入税額控除制度における適格請求書等保存方式に関する Q&A**」を公表していますが、この解説はわかりやすく、しかも網羅的であり、最高の教材となっています。

消費税実務にたずさわる方に学んでいただきたいテーマです。

●消費税の仕入税額控除制度における適格請求書等保存方式に関する Q&A
https://www.nta.go.jp/taxes/shiraberu/zeimokubetsu/shohi/keigenzeiritsu/pdf/qa/01-01.pdf

●インボイス制度、支援措置があるって本当 !?
https://www.mof.go.jp/tax_policy/summary/consumption/invoice.pdf

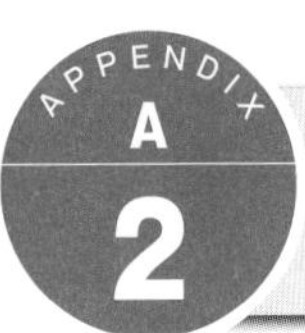

電子帳簿等保存と消費税

令和４（2022）年１月１日から新しい電子帳簿保存法が施行されました。新法施行によって実務上最も大きな影響があったポイントは、電磁的記録の保存に関するルールが変更されたことです。それまで、所得税と法人税のルールでは、電子取引の取引情報にかかる電磁的記録（例えば、PDF ファイルで交付される請求書）について、その電磁的記録の出力書面など（簡単にいうと PDF ファイルを印刷した紙）の保存をもって、その電磁的記録の保存に代えることができるとされていたのですが、その措置がなくなりました。

電子データでもらった請求書などは電子データで保管しなくてはならないとされ、紙に印刷して保管することは認められなくなったわけです。電子データの取扱いに不慣れな中小企業の場合は、実務対応に頭を悩ませています。

ところがこの新ルール、所得税と法人税のルールであって、消費税については少し取扱いが異なります。消費税のルールでは、出力書面による保存が引き続き可能とされているのです。

ですので、消費税の実務ではそれほど重要視されていないテーマですが、電子帳簿などの保存についてもひととおり学んでおくと有益です。国税庁の解説が簡潔にまとめられていてわかりやすいので、参考にしてください。

●電子帳簿保存法が改正されました
https://www.nta.go.jp/law/joho-zeikaishaku/sonota/jirei/pdf/0021012-095_03.pdf

居住用賃貸建物の取得等にかかる仕入税額控除制度の適正化

令和２（2020）年度の税制改正で、居住用賃貸建物の課税仕入れについては仕入税額控除が認められなくなり、それに関連して一定の調整のルールが設けられました。

これについては、令和２（2020）年４月に「消費税法改正のお知らせ」が国税庁から公表されており、参考になります。

FIGURE 74 仕入税額控除のルール

事業者が購入したら…

丸の内オフィスビル

課税仕入れ
なのに
仕入税額控除不可

課税仕入れ
なので
仕入税額控除

●消費税法改正のお知らせ
https://www.nta.go.jp/publication/pamph/shohi/r02kaisei.pdf

高額特定資産を取得した場合の特例の整備

前ページの「A3」と同じタイミングですが、令和２（2020）年度の税制改正で、高額特定資産を取得した場合の特例（26ページ）についても細かな改正がありました。

26ページで解説したルールを潜脱する行為が目立ったため、これを規制する改正です。前ページの「A3」と同様、令和２（2020）年４月に国税庁から公表された「消費税法改正のお知らせ」が参考になります。

72ページのルールを
利用することで26ページの
規制を潜脱できたので、
これを封じ込めたんだ。

●消費税法改正のお知らせ
https://www.nta.go.jp/publication/pamph/shohi/r02kaisei.pdf

国境を越えた役務の提供にかかる課税

国外事業者からインターネットを通じてサービスを受けた場合などに、代金の支払いをした国内事業者が消費税を納めなくてはならないというルールがあるのですが、実務上、これをうっかり見落としている事業者が少なくありません。

国税庁の解説に目を通しておくとよいでしょう。

FIGURE 75 国境を越えたサービスのルール

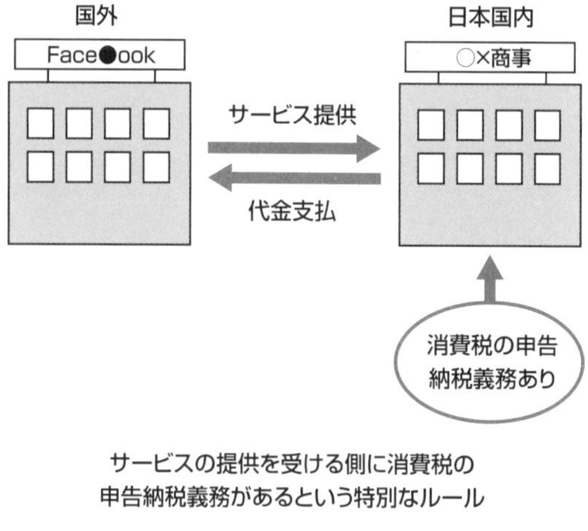

国外
Face●ook

日本国内
○×商事

サービス提供
代金支払

消費税の申告
納税義務あり

サービスの提供を受ける側に消費税の
申告納税義務があるという特別なルール

●国境を越えた役務の提供に係る消費税の課税関係について
https://www.nta.go.jp/publication/pamph/shohi/cross/01.htm

特定新規設立法人

35ページの「OnePoint」で少し解説しましたが、基準期間がない法人について納税義務が免除されないルールが強化されています。とりわけ難解なルールがこの特定新規設立法人に関するものです。実質的に大企業である場合には、設立当初から消費税の課税事業者になることを強制されるルールです。

FIGURE 76 特定新規設立法人のルール

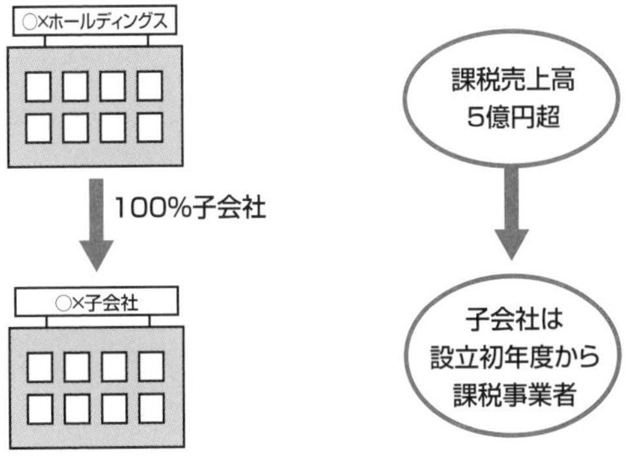

親会社・兄弟会社の過去の課税売上高によって新規に
設立した子会社の消費税ステータスが変わる特別なルール

●基準期間がない法人の納税義務の免除の特例
https://www.nta.go.jp/taxes/shiraberu/taxanswer/shohi/6503.htm

索引

●著者紹介
奥村 佳史（おくむら よしふみ）
1973年大阪府生まれ。名古屋大学経済学部卒。税理士。
著書に『法人税が分かれば、会社のお金のすべてが分かる』（光文社新書）、『法人税がわかれば、会社にお金が残る』（アスコム）などがある。

●本文イラスト
まえだ　たつひこ

図解ポケット
[最新]インボイス制度対応！
消費税がよくわかる本

発行日　2022年 7月 1日　第1版第1刷
　　　　2023年 2月 3日　第1版第4刷

著　者　奥村　佳史

発行者　斉藤　和邦
発行所　株式会社　秀和システム
〒135-0016
東京都江東区東陽2-4-2　新宮ビル2F
Tel 03-6264-3105（販売）Fax 03-6264-3094
印刷所　三松堂印刷株式会社　Printed in Japan

ISBN978-4-7980-6810-7 C0032